선진국 대한민국

김제방 역사서사시집

문학공원 시선 200

선진국 대한민국

김제방 역사서사시집

대한민국 역사를 보여주는 詩

한국의 지위를 개발도상국에서 선진국으로 의결함으로써
대한민국은 선진국(先進國)이 되었다. 박정희 대통령이 있어 위대한 대한민국!
그의 국가발전 전략은 세계를 놀라게 해 '20세기의 기적'으로 칭송받으면서
발전을 거듭해왔다. 한국은 후발국들의 롤모델이 되고 있다

문학공원

서시

책 표지에 웬 고등학생 사진이냐고?
90 늙은이의 글이라 고루하다고 한다
"나도 너희들처럼 젊은 때가 있었다"라고
알리고 싶어서다
6.25전쟁 중이던 1953년에 고등학생이 되었고
그해 7월 27일 정전협정이 체결됐다
56년에 졸업하고 대학엘 갔는데
2학년 때 육군에 입대했다
빵빵 군번 005171 학보병이었다
1년 6개월 만에 제대하고 59년에 복학
60년에 4·19혁명이 일어났다
61년 4학년 때 5·16혁명이 일어났다
국민소득 80달러의 가난한 백성으로
대학을 졸업해도 갈 곳이 없었다
우리는 팽이·엽전·코리안타임 등으로
자기 비하를 스스럼없이 했다
불과 60여 년 전의 일이다
그러나 지금 우리는
국민소득 3만 달러 시대를 살고 있다
감개무량(感慨無量)하다

2021년 7월 2일 유엔무역개발회의(UNCTAD)가
한국의 지위를 개발도상국에서
선진국으로 의결함으로써
대한민국은 선진국(先進國)이 되었다
박정희 대통령이 있어 위대한 대한민국!
그의 국가발전 전략은 세계를 놀라게 해
'20세기의 기적'으로 칭송받으면서
발전을 거듭해왔다
한국은 후발국들의 롤모델이 되고 있다
대한민국 좌파들의 정치실험은 끝나간다
무능하고 오만한
'내로남불' 정권의 정체가 드러나서다
민주화의 벙거지를 쓴 떼거지들의 정체
왜 이런 정권이 탄생했을까
세종대왕 이후 소심하고 나약한 체질의
문종·단종이 나왔는가하면 혈기왕성한
수양대군(세조)이 출현한 것처럼 역사도
비틀거리며 발전하는 것이다
2006년부터 15년간 경제협력개발기구
(OECD)를 이끈 최장수 수장인
앙헬 구리아 총장이 2021년 6월 1일 물러나면서
"한국이 한 세대 만에 원조를
받는 나라에서 원조를 주는 나라로
놀라운 변신을 한 회원국이라는 것이
가장 자랑스럽다"며

한국 경제발전을 높이 평가했다
그러면서 그는 "한국을 가장 극적으로
변화한 국가의 상징"이라며 늘
"각국 정부에 한국의 그 비결을 공유해야 한다고
말하곤 했다"고 밝혔다
"잘살아보세! 잘살아보세! 우리도 한번
잘살아보세!" 박정희 대통령 자신이 작사
작곡한 새마을 노래를 열창하면서 키운
대한민국이 아니던가?

차례

제1장 좌절하는 좌파정권

제2장 재편되는 세계질서

제3장 20세기의 기적

제4장 5·18이 한국의 얼굴?

제5장 윤(尹)왕비시대

제6장 산업정책으로의 회귀

제 1 장
좌절하는 좌파정권

좌파들의 우왕좌왕

2021년 4·7재보선에서 더불어민주당이 참패하자
이틀 뒤 초선 의원 50여 명은
반성과 사과의 내용을 담은 입장문을 냈다
이들 중 오영환·이소용·장경태·장철민·전용기 등
5인의 청년들은 별도로
"조국 전 법무부장관이 검찰개혁의
대명사라고 생각했지만 그 과정에서 국민이
분노하고 분열한 것이 아닌가 반성한다"며
고개를 숙였다
이후 친문(親文) 온라인에서 이들을 향해
'초선 5적(初選五賊)'이라고 공격했다
흔히 민주당의 재보선 참패는
LH사태 때문이라고 한다 그러나
조국수호대·피해호소인·금태섭축출·윤석열공격 등
민주당의 후안무치에 분노가 쌓여 폭발한
것이라는 분석이 우세하지만 '초선 5적'은
어느 사이엔가 꼬리를 감추고 말았다

윤여정의 수상소감

영화 ‘미나리’의 여배우 윤여정(74)이
2021년 4월 11일 영국 아카데미상 여우
조연상을 탄 데 이어 유쾌하고 솔직한
수상소감으로 세계인을 사로잡았다
“모든 상이 의미 있지만 이번엔 특별히
고상한 체 하는 영국인들에게 인정받았다
(Specially recognized by British people
known as very snobbish people)”
라고 해 올 수상 소감 중 최고라는 평이다
윤여정은 이날 런던 로열엘버트홀에서
열린 시상식을 화상으로 지켜보다 한국 배우
최초로 여우조연상 수상자로 호명됐다
깜짝 놀란 표정으로 두 손을 벌려 보인 그는
영어로 “한국배우 윤여정입니다”라고
말문을 열 뒤 “어떻게 말해야 할지 모르겠다
후보로 지명돼서 영광이다
아니 이제 수상자죠”라며 얼떨떨해했다
이어 엘리자베스 2세 여왕의 남편 필립공(99)
별세에 애도를 표한 후 “고상한 체 하는
영국인들에게 인정받아 더 의미 있다”며
위트 있게 말해 이를 지켜보던 진행자가 폭소를

터뜨리는 모습이 화면에 잡혔고
객석에서도 환호가 나왔다
윤여정의 수상 소감에 대해 미국 연예매체
버처는 2021년 최고의 수상 소감으로 꼽으며
“영국인 면전에 대고 그들을 ‘고상한 체’하다고
표현하면서도 장내를 웃음바다로 만들고
사람들을 매혹시키다니
그녀는 전설이다”라고 치켜세웠다
윤여정은 4월 25일 열리는 미국 아카데미
시상식에서 한국 배우 최초 수상의 유력한
고지에 올라 있다

우물쭈물 국민의힘

4·7재보궐 선거에서 압승을 거두고
김종인 비대위원장이 떠난 국민의힘이
외연확장을 모색하고 있지만
난기류가 이어지고 있다
홍준표 무소속 의원의 복당을 두고
찬반양론이 여전하고 안철수 국민의당 대표와의
합당 논의 역시 부진하다
어수선한 분위기 속에서 차기 당권 구도를
둘러싼 긴장도 커지는 모양새다
주호영 당대표직무대행 겸 원내대표는
전당대회 전 합당문제를 정리하겠다는
입장이지만 안철수 국민의당 대표는
당내 의견을 정리할 시간이 필요하다며
맞서고 있다
호랑이 없는 고을에 토끼가 선생이라…

반도체 흔드는 바이든

한국 최대 먹거리 '반도체' 흔드는 바이든
미국 대통령이란 타이틀의 기사가 한눈에
크게 들어왔다
4월 12일 "미국이 21세기에도 세계를
이끌려면 반도체와 배터리 같은 최첨단기술 분야에
공격적으로 투자할 필요가 있다"고 밝혔다
바이든 대통령은 이날 백악관에서 화상으로 열린
'반도체 및 공급망 회복 최고경영자 회의'에
참가해 반도체 공급망을 확보해야 한다고 강조했다
미·중대립이 격화하는 와중에 바이든이
중국의 첨단 기술 질주를 견제하겠다는 뜻을
분명히 밝힌 이날 회의는 최시형 삼성전자
반도체부문 사장과 대만 TSMC 회장·
GM회장·알파벳·구글·미항공 방산업체 회장 등
19개 기업 대표가 참석했다
한국은 이재용 부회장을 구속수감 중이다

방사능 오염수 방류

일본 정부가 4월 13일 각료회의를 열고
후쿠시마 원전의 방사능 오염수 125만t을
바다에 방류하기로 공식 결정했다
앞으로 2년간 준비를 거쳐
20~30년에 걸쳐 방출하겠다는 것이다
이 결정에 일본 어민·전문가·시민단체들은
강력 반발했다
우리 정부는 "절대 용납할 수 없는 조치"라며
유감을 나타냈다
중국 외교부도
"지극히 무책임하고 일방적 결정"이라고 비판했다
후쿠시마 제1원전에선
2011년 3월 11일 동일본대지진 이후
원자로 시설에 빗물이나 지하수가 유입돼
하루 평균 140t의 오염수가 발생하고 있다

오세훈 국무회의 설전

오세훈 서울시장이 4월 13일
4·7재보선 이후 처음으로
문재인 대통령이 주재한 국무회의에 참석해
작심한 듯 정부의 코로나19 방역과
부동산 정책을 비판하며 국무위원들과 각을 세웠다
오 시장의 거친 '데뷔전'은 향후 서울시와
정부 간 잦은 정책 엇박자를 예고했다
문재인 대통령 출범 초기부터 자주 소통과
협치를 말했지만 실천으로 이어지지 않았다
국무회의는 써준 원고를 들고 읽는 대통령의
일방통행식 하달에 머물러 소통은 없었고
정쟁만 난무했다 여당 단독으로 여론과
동떨어진 정책을 밀어붙이다 시장의 역풍을
맞은 것도 소통부족 때문이었다
이를 계기로 선거 참패에서 드러난 성난
민심을 되돌리려면 불통정치 청산이 필수다

고난의 행군 유산

김정은 북한 국무위원장이 4월 15일
김일성 주석의 생일인 '태양절을 맞아
부인 리설주 여사와 김 주석의 시신이 안치된
금수산태양궁전을 참배하고
불꽃놀이 등 성대한 경축행사를 했다
'고난의 행군' 유산을 남긴 김일성 주석
국민들이 먹을 게 부족해 난리인데도
저토록 예의를 갖추는 김정은
배불리 먹여주고 나라를 융성하게
물려준 전임자를 독재자·적폐로
몰아가는 우리네 인심하고는 너무나도
동떨어져 보인다

이재용 사면건의

손경식 한국경영자총협회 회장 등
5대 경제단체장들이 4월 16일
이재용 삼성전자 부회장의 사면을
정부에 공식 건의했다
사면 건의는 세계 반도체 패권전쟁에
대한 우려를 논의하는 과정에서 이뤄졌다
손 회장은 홍남기 부총리에게 "반도체는
4-5년 앞을 미리 내다보고 투자해야
하는 사업"이라며 "글로벌 반도체 경쟁에
신속하게 대응하고 차세대 반도체 사업에
과감하게 투자하기 위해 이재용 부회장이
경영을 진두지휘해야 한다"고 제안했다
이날 간담회엔 손경식·구자열 한국무역협회장을 비롯
최태원 대한상의회장·김기문 중소기업중앙회장
반원익 한국중견기업연합회 상근부회장이 참석했다
같은 날
4·7재보선에서 참패한지 9일 만에 선거에서
드러난 들끓는 민심을 달래 보겠다는
의도로 당정청이 일제히 인적 교체에 나서
문재인 대통령은 정세균 국무총리 후임으로
대구·경북 출신인 김부겸(63) 전 행안부장관을 지명하고

국토교통부 등 5개 부처에
대한 개각을 단행하고 청와대 정무수석에 이철희(55)
전 더불어민주당 의원을 임명하는 등
청와대 참모진 개편도 단행했다
더불어민주당 원내대표에 '친문계'
윤호중 의원(58·경기 구리)이 선출됐다
이날 인사에 대해 야당은
"국면 전환을 위한 국민 기만"이라고 비판했다
국민의힘 윤희석 대변인은
"삼권 분립을 무시하고
입법부 수장을 총리에 앉히더니
이번엔 여당 대표까지 출마했던 전직 의원을
총리에 지명했다"며
"진즉 경질했어야 할
홍남기 경제부총리는 유임시켰다"고 성토했다

좌파정권의 업보

코로나19의 확산으로 취업난이 길어져
극심한 생활고를 호소하는
'신종 보릿고개'가 생겨나고 있다
아르바이트마저 구하기 힘들어진 상황
'아낄 건 식비뿐'이라며 허리띠를 졸라매고
끼니조차 거르는 청년들
코로나19 사태로 청년빈곤 문제가
수면 위로 올라오고 있다
3000원 식당 찾고 '하루 두 끼만'
청년 37%가 "돈 없어 끼니 거른 적 있다"
오전에 삼각김밥이랑 초코우유 먹었어요
점심은 안 먹고요
대한민국의 2021년 자화상이다
우리는 일제강점기를 거쳐 1945년 해방과
1950년 6·25전쟁을 전후한 혼란기의
'좌파와 우파' '진보와 보수' '공산주의와 자본주의'가
혼란스럽게 충돌하던 시대에
코로나19까지…
이게 좌파정권 업보(業報)인지도 모른다

3중고의 청년들

취업난·생활고·사회적 고립이란
3중고(三重苦)에 내몰리면서 직장을 잡고
가정을 꾸려가겠다는 희망마저도 잃어버린
청년들이 적지 않다고 한다
코로나19 확산으로 취업난과 경제난이 심해지면서
정신적 고통을 호소하는 이가 많아
지난 3월 20~29세 청년 607명을 대상으로
동아일보가 설문조사결과
'평소 우울감이나 좌절감을 겪는다'고 응답한 이들이
10명 중 8명 꼴이었다
청년들이 정신적 고통을 호소하는
가장 큰 이유는 취업난이었다
나는 대학교 3학년 때 4·19가 일어났는데
벌써 61년의 세월이 흘렀다
그때는 지금보다 더 절망적이었다
4학년 때인 1961년 5·16혁명이 일어나
취업문제가 한방에 해결됐다
암흑세계에서 광명을 찾은 기분이었다

독재도 독재 나름

독재라도 박정희 독재와 문재인 독재
사이에는 차이가 있다고 했다
2021년 4월 21일 자 동아일보 송평인 칼럼
한 귀퉁이에 있는 말이다
박정희 독재가 유능했던 반면
문재인 독재는 무능하다
이 정권 들어 외교·국방·경제를 막론하고
국정의 전 분야가 망가졌다
우리나라는 자유의 가치를 중시하는
동맹에서 서서히 배제되고 있으며
군(軍)은 북한의 핵위협에 무력한 채
실전 훈련도 못하는 오합지졸이 됐고
경제(經濟)는 집 없는 국민을
벼락거지로 만드는 지경에 이르렀다고 했다

반도체특위 출범

전 세계가 반도체 물량 확보와
‘반도체 주권’ 지키기에 나선 상황에서
더불어민주당이 4월 21일 대응책 마련을 위한
‘반도체기술특별위원회’를 출범시키고
위원장에 삼성전자 반도체사업부 임원 출신인
양향자 의원을 임명했다
반도체 패권문제가 달아오르면서 경제계에
이어 정치권에서도 구속수감 중인
이재용 삼성전자 부회장에 대한
사면 목소리가 커지고 있으며
일각에서는 미국이 필요로 하는
반도체를 지렛대 삼아 백신을 확보해야 한다는
주장도 나오고 있다

4·21 과학의 날

1967년 4월 21일은
과학기술처가 발족된 것을 기념하는 '과학의 날'이다
그해 5월 3일에는 박정희·윤보선 두 후보가
각축하는 대통령 선거가 있었던 와중에도
과학기술 진흥을 통한 국가번영을 위해
전담부처를 설립한 일은 참으로 대단하다
"과학기술 발전 없이 경제성장을 이룰 수는 없다"로
축약된 박정희 대통령 기념사였다

2017년 과학의 날 50주년을 맞아 당시
문재인 대통령 후보가 성명서를 냈다
"과학기술로 일자리를 늘리고
국민의 삶을 행복하게 만드는
과학의 길을 열겠습니다"라고 했지만
어제 54주년 과학의 날 기념사는 없었고
여당 의원 15인은 과학의 날을 8월 5일로
개정하자는 결의안을 올렸다
장영실이 만든 물시계를 이용해 세종대왕이
표준시를 반포한 날로 바꾸자는 것이다
그러나 쥐새끼들이 산기슭을 파헤친다고
태산(泰山)이 무너지겠는가

백신 여유 없다

조 바이든 미국 대통령이 4월 21일
미국이 보유한 코로나19 백신을
다른 나라에 보낼 만큼 충분치 않다며
미국 내 접종에 집중하겠다고 밝혔다
백신 부족을 겪고 있는 한국 정부가 미국에
'백신 스와프'를 요청했다는 사실이 알려진 지
이틀 만에 바이든 대통령이
이를 사실상 거부한 것이다
정부가 지난해 백신 전략의
첫 단추를 잘못 끼우는 바람에
백신 정책이 갈수록 꼬이면서
미로에 갇힌 형국이다
국민은 혼란스럽고 불안하다
신뢰 추락으로 이제는 대통령의 백신 관련
발언조차 믿기 어렵게 됐다
여기에 박근혜 이명박 두 전직 대통령과
이재용 삼성전자 부회장에 대한 사면론이
각계에서 나오고 있다
정치권과 재계는 물론 종교계에서도 나왔다

여당 정신 못 차렸다

회초리를 맞았으면 아픈 척이라도 해야 하는데…
더불어민주당의 한 초선 의원은
4월 23일 당의 쇄신상황에 답답해하며
말을 잇지 못했다
4·7재보선 참패 이후 민주당이
비상대책위원회까지 꾸리며 외친
쇄신이 눈에 보이지 않았기 때문이다
윤호중 비대위원장의 '현충원 돌발 사과'는
진정성이 없다는 비판을 받았다
선거 이후 민심을 악화하는
행보만 이어가고 있는 셈이다
위기감이 느껴지지 않는 여당의 모습에
"강성 지지층만 바라보며 자충수를 두고 있다"는
지적이 커지고 있다

대책 없는 암호화폐

2030의 먹거리 암호화폐 시장이 돈의
블랙홀이 됐다
자금과 투자자를 무섭게 빨아들이고 있다
국내 4대 암호화폐 거래소
빗섬·업비트·코닛·코인원의 실명확인 계좌 수는
250만여 개다
예탁금은 4조6천억 원으로
지난해 말보다 2.5배 늘었다
'코인벼락거지'가 되지 않으려는 투자자의
행렬에 거래는 폭증하고 있다
투자자 보호는 요원하다
법·규정·제도가 전무하다
과열 조장 우려에 당국이 손을 놓은 탓에
관리감독은 동네구멍가게 수준도 안 된다
인정할 수 없지만 방치할 수도 없는
'암호화폐 딜레마'다
암호화폐 시장을 규제 사각지대로 만든 건
정부다

도로 한국당

뭐 하나 제대로 돼가는 게 없다
4·7재보선 20일 만에 자중지란에 빠진
국민의힘은 하루도 조용할 날이 없다
김종인 비상대책위원회 체제가 끝나고
무주공산이 된 상황에서 당권과
전직 대통령 사면 등과 관련해 당내
이견이 계속 불거지고 있다
직을 내려놓은 김종인 전 위원장은 연일
국민의힘에 독설을 퍼부었다
그는 중진들이 당권을 놓고 고성을 지른 것에 대해
"향후 두 달은 저 모양일 것"이라고 비판했다
국민의힘은 당 차원에서
어떤 대응도 하지 못하고 있다
전당대회를 앞두고
당이 리더십 공백에 빠졌기 때문이다
국민의힘의 이런 모습에
많은 유권자가 등을 돌리고 있다

도로 친문당

4·7재보선 직후 성난 민심에 잔뜩 몸을 낮추며
일제히 부동산 정책 실패에 대한 수정론을 띄웠지만
정작 계속되고 있는 차기 지도부 선출 과정에선
'정책 일관성' '촛불정신'을 강조하는 목소리가
힘을 받고 있어 여권에선
"선거 과정에서 반성하고 혁신하겠다고
강조했던 건 대체 어디 갔느냐"라는
우려도 나온다
'계보 찬스'를 격파하겠다던 송영길 의원은
노무현 대통령 서거일을 거론하며
"문 대통령을 임기 마지막까지 지켜보겠다"고 했고
여권 관계자는 "초선 의원들이
조국사태를 거론하며 사과했다가
친문 당원들의 문자폭탄을 맞고 하루 만에
입장을 번복한 것은 '도로 친문당'으로
회귀하는 전조 현상이었다"고 자조했다

문재인과 트럼프

문재인 대통령이 최근 NYT와의 인터뷰에서
트럼프 전 미국 대통령의 대북정책을
사실상 실패로 평가한 것에 대해 트럼프가
4월 23일 이를 비난하는 성명을 냈다
“가장 도전적인 상황에서 내가 알게 됐던
북한의 김정은은 결코 단 한 번도
한국의 문재인 대통령을 존중한 적이 없었다”
“문재인 대통령은 장기적으로 군사적으로
미국을 상대로 갈취할 때 외에는
지도자로서도 협상가로서도 약했다”고 평가했다
청와대는 공식 반응을 삼갔지만 내부적으로
당혹스러운 분위기다

윤여정 아카데미상

2021년 4월 25일(현지시간)
미국 LA 유니언 스테이션에서 열린
제93회 아카데미 시상식에서
배우 윤여정(74)이 '미나리'로
아카데미 여우조연상을 수상했다
한국 배우가 아카데미에서 상을 받은 건
102년 한국 영화사상 처음이다
배우 윤여정의 수상 소감은
"내 이름을 똑바로 불러달라"로 시작했다
"아시다시피 한국에서 왔고 이름은 윤여정입니다
유럽인들이 '여영' '유정'으로 발음하는데
오늘만은 여러분을 용서하겠다"
55년 배우경력에서 나온 자신감·진심·겸손·
유머가 이날 무대 안팎을 빛내
"매력적 수상 소감으로 오스카 시청자들을
사로잡았다"는 평이 이따랐다

"열등의식으로 시작했다 먹고살려고 했을 뿐이다
대신 열심히 했다
자꾸 일하러 나가라고 종용하는 두 아들 잔소리에
열심히 일했더니 이런 상을 받게 됐다"고도 했다

이혼을 딛고 선 워킹맘 연기자의 일생이
주는 유쾌한 울림은 적지 않았다
그리고 또 빛난 '윤여정의 어록' 뼈있는
농담이 아카데미 시상식에서도 빛을 발했다
수상 직후 현지 기자들과 만난 자리에서
"무대에서 내려오며 대화한 브래드 피트에게
어떤 냄새가 났는가"라는 질문을 받고
"냄새를 맡지 않았어요 저는 개가 아닙니다"라고
대답해 좌중의 웃음을 자아내면서도
질문 자체의 무례함을 드러내는
날카로운 농담이었다
일각에서는 'smell like'가 냄새에 대한
질문이 아니라 유명인을 만났을 때의 기분을
묻은 뜻으로 쓰인다는 해석도 있다
허나 공식석상에서 부적절한 질문이었다는
비판이 나온다

제2장
재편되는 세계질서

문재인의 오발탄

문재인 대통령은 4월 26일 "이유가 있을 때는
모든 나라가 한목소리로 연대와 협력을 말했지만
자국의 사정이 급해지자 연합도 국제 공조도
모두 뒷전이 돼 국경 봉쇄와
백신 수출 통제 사재기 등으로 각자도생에
나서고 있다"고 말했다
국내에 충분한 백신 공급이 늦어진 배경을
설명하면서 나온 발언이다
현재 자국 우선주의를 앞세워
백신 수출을 통제하고 있는 국가는
미국과 유럽연합(EU)이란 점에서
향후 외교적 파장이 예상된다
미국은 코로나 주요 5대 백신 중 아스트라
제네카(영국)를 제외한
4개 백신(화이자·모더나·얀센·노바백스)의 개발국이다
특히 문 대통령의 이날 발언은 지난 20일
보아포럼 영상 메시지와도 대비된다
문 대통령은 당시 메시지에서 "백신 기부와
같은 다양한 코로나 지원 활동을 펼치고
있는 중국 정부의 노력을 높이 평가한다"고 말했다
게다가 중국도 최근 미국의 자국민 우선 백신 정책을

비판하고 있는데 공교롭게도
문 대통령이 유사한 메시지를 발신한 셈이다
외교가 안팎에선 5월 말 바이든 대통령과의
첫 한미정상회담을 앞두고 나온
문 대통령의 발언 수위나 시점이
오해를 불러일으킬 수도 있다는 우려가 나오고 있다
한미정상회담에서 코로나19 대응과 북핵문제
미·중간 갈등 사안에서 한국의 입장 등
국익과 직결되는 사안이 의제로 오를 텐데
이를 앞두고 미국을 비판하는 것으로 비치는
발언이 나왔기 때문이다
서정건 경희대 교수는
"코로나 방역 실패로 자존심에 상처를 입은
미국이 백신 자국 우선주의를 할 거란 것은
이미 예견된 일"이라며
"백신 도입이 늦어지면서 생긴 논란의 원인을
미국에 돌리는 것이 외교적으로
올바른 방식인지는 의문"이라고 했다

탈원전 정책

원자력계 대표 석학 황일순 울산과학기술원 교수는
문재인 정부의 탈원전 정책에 대해
"세계최고 원전기술을 수십 년에 걸쳐 확보해놓고
자살한 것과 마찬가지"라며 강하게 비판했다
황일순 교수는
50년 전 '원자력 비사(秘史)도 소개했다
1960년대 박정희 대통령 재임 시절
영국계 차관을 도입했는데
이 차관 대가로 가스냉각로 도입 요구가 들어온 것이다
그러나 한국전력 등 당시 원전 전문가들은
경수로가 더 유명하다고 보고 이를 채택했다
이 때문에 차관 지원이 중단될 뻔했으나
영국에서 가스냉각로 관련 사고가 나면서
상황이 반전되었다 황 교수는
"당시 경수로를 도입한 것은 기술적으로
신의 한 수였다"고 평가했다
4월 27일 자 원전 폐연료봉 재활용 길을 찾았다는
기사가 한국경제에 실려 눈길을 끈다
한국원자력발전소의 사용 후 핵연료(폐연료봉)를
특수 처리해 재활용하는 파이로프로세싱 기술에 대해
미국 원전당국이 '타당성이 충분하다'고

결론 내린 것으로 알려졌다
정부가 탈원전 정책을 확고히 유지하고 있는 것과 달리
원전을 탄소중립시대에 적합한 '지속 가능한
에너지원'으로 공식 인정한 것이어서 주목된다
한국원자력연구원이 2018년 5월부터 3년에 걸쳐
함께 연구한 결과다
파이로는 원전을 가동하는데 쓰고 남은 폐연료봉을
다시 쓸 수 있는 연료봉으로
탈바꿈시키는 첨단 기술이다
문재인 정부는 2017년 출범 후 탈원전 정책을
추진하면서 파이로에 대해 전면 재검토를
결정했다 그러나 3년여의 한·미공동연구로
파이로 기술의 타당성이 입증되면서
탈원전 정책을 둘러싼 논란이
다시 거세질 것으로 보인다

대통령 부정평가

4월 26일 발표한 리얼미터 조사에서
문재인 대통령의 국정수행 부정평가가
63%로 또 최고치를 기록했다
20대의 민심이반이 주목되고 있다
20대 부정평가는 71.1%로 4·7선거에서
나타난 청년세대 외면이 심화한 것이다
원인은 무엇일까?
부동산 실정(失政)에다 LH불법투기
소득주도성장과 일련의 친노조정책 등의
여파로 사라진 일자리와
더 벌어진 양극화가 수치로 확인되고 있다
북한의 핵개발 시간만 벌어준 대북관계
친중과 반미·반일 성향의 외교안보 행보도
많은 국민을 불안하게 했다
정치·사회·교육 등 국정 전반 갈등요인에
코로나 백신 수급까지
정부 신뢰가 흔들리고 있다

정진석 추기경 선종

"모든 분들께 감사드립니다 행복하세요
행복이 하나님의 뜻입니다"
한국 천주교 원로 지도자인 정진석(90) 추기경이
4월 27일 서울성모병원에서 선종했다
1931년 서울 종로구 수표동에서 외아들로 태어난
정 추기경은 친가와 외가 모두가
4대째 독실한 천주교 집안이었다
10세 때부터 명동성당의 복사(服事)를 한
정 추기경은 계성초등학교를 졸업하고
중앙고를 나와서 서울대화학공학과에 입학
대학 재학 중에 6·25전쟁이 터졌다
고인은 국민방위군에 소집돼 장교로 복무했다
우리 부대가 얼어붙은 남한강을 걸어서 건널 때였다
바로 뒤에서 갑자기 얼음이 깨져
부대원들이 아우성을 치며 빠져 죽었다
또 바로 곁에서 지뢰 폭발로 죽는 전우도 봤다
매일매일이 제 마지막 날이었다
그때 절감했다
내 생명은 나의 것이 아니었구나
그래서 신학교에 가서 30세 때 사제가 되어
이탈리아 로마의 우르바노대 대학원에서

교회법으로 석사학위를 받았다
39세 되던 해인 1970년에 국내 최연소 주교가
되고 천주교 청주교구 교구장과 주교회의
의장을 거쳐 2006년 김수환 추기경에 이어
한국인으로선 두 번째 추기경으로 서임됐다
정 추기경은 젊은이들에게
“우리 젊은이들이 나만을 위해 살지 마시고
민족 전체를 위해 더 크게는 인류를 위해
기여할 큰 인물이 되고자 노력하십시오
실력을 키우십시오
그래야 여러분 각자의 인생이 보람 있고
풍부한 삶이 될 수 있습니다”라고 당부했다

이건희의 마지막 선물

한국경제의 거목 이건희 삼성회장이
대한민국에 마지막 선물을 남겼다
이 회장은 1987년 삼성그룹 회장으로
취임하며 "국가경제 발전에 기여하는 것을
넘어 사회가 우리에게 기대하고 있는
이상으로 봉사와 헌신을 전개하겠다"고 밝혔다
이 회장의 뜻은 유가족에게 고스란히 이어져
26조원의 유산 중 60%를 세금과 기부 등을
통해 사회로 되돌려주기로 했다
국내는 물론 해외에서도 전례를 찾기 힘든
규모의 사회 환원이다
이 회장의 부인 홍라희 여사와 자녀인
이재용 삼성전자 부회장
이부진 호텔신라 사장
이서현 삼성복지재단 이사장 등 유가족은
4월 28일 삼성전자를 통해 이 회장의
유산처리방안을 밝힌 입장문을 내놨다
12조원이 넘는 상속세를 성실히 내는 것을 넘어
유산 중 상당액을 사회에 환원하겠다는 것이
입장문의 핵심이다
이 회장의 유산은 삼성계열사 지분과

미술품·부동산 등을 합해 26조1천억 원
이 중 상속세 12조5천억 원
순수 기부 1조원
미술품 기증 2조원 등 15조5천억 원
이상을 사회에 환원한다
국가경제 기여·인간존중 기부문화 확산 등
기업의 사회적 책임을 역설한
고인의 뜻을 기리기로 했다는 것이
유족의 설명이다

평생 모은 미술품

이건희 삼성회장이 평생 모은 미술품은
23,000여 점으로 유가족이 기증을 결정한
문화재·미술품은 국립중앙박물관에 21,600여 점
국립현대미술관 1,400여 점 등 국가지정
문화재만 60점에 달하는 사상 초유의 규모다
한 달에 100점씩만 전시한다고 해도
20년간 이어지는 양이다

삼성家 고맙다

문재인 대통령이 이건희 삼성 회장 유족이
기증한 미술품을 별도로 전시할 공간을
마련하라고 지시했다
고인의 기증을 기억하고 2만3천여 점에
달하는 컬렉션의 가치를 극대화하자는
취지로 해석된다
정부 고위관계자는 4월 29일
"문 대통령이 동서양을 아우르는 걸작 기증품의
면면을 들여다보며 거듭 놀라워했다"고 말했다
문 대통령은 "고인의 기증으로
동서양 걸작들을 감상할 수 있게 돼
너무나 고맙고 자랑스럽다"며
"기증품을 받은 미술관과 박물관에
'이건희 특별관'을 설치
고인의 뜻을 기렸으면 한다"고
말한 것으로 전해졌다

미국의 큰 정부

조 바이든 미국 대통령이
코로나19 대유행과 경기 침체에서 벗어나기 위한
해법으로 '큰 정부'를 제시했다
1981년 로널드 레이건 대통령(1981-88)이
취임사에서 '정부가 문제의 근원'이라며
'작은 정부'를 내세운 뒤 40년간 미국을
지배한 작은 정부 철학을 버린 것이다
바이든 대통령은 뉴딜정책의 프랭클린
루스벨트(1933-45)와 '위대한 사회'의
린든 존슨(1963-69년) 전 대통령 등
민주당의 진보지도자 전통을 잇게 됐다
취임 100일을 하루 앞둔 4월 28일
바이든 대통령은 첫 상·하원 합동연설에서
최악의 전염병·경제 위기
민주주의 공격 속에 취임했지만
"미국은 이륙할 준비가 됐다"며
"미국은 절대 주저앉지 않는다
위기가 기회로 바뀌고 있다"고 강조했다

국민의힘 원내대표

2021년 4월 30일 제1야당 국민의힘
신임 원내대표에
울산지역 4선인 김기현 의원이 선출됐다
1차 투표에서 김기현 34표, 김태흠 30표
권선동 20표, 유의동 17표 등 과반을 얻은
후보가 없어 2차 투표에서 김기현 후보가
66표를 얻어 김태흠 32표를 누르고 당선됐다
김기현 원내대표는 당선 직후
“반드시 국민지지를 얻어내고 내년 대선에서 이겨
대한민국 정통성을 살려내겠다”는 각오를 밝혔다
이날 한국갤럽이 발표한 4월 5주차 대통령
직무수행 평가에서 ‘잘하고 있다’ 29%
잘못하고 있다는 60%로 집계돼 취임 후
최저치를 기록했다

문재인 정권

문재인 정부는 임기의 절반을 이른바
'적폐 청산'으로 다 보내고 나머지 기간에는
스스로 적폐가 되어 신음하고 있다
남은 1년 역시 나아질 기미가 없어 보인다
4·7재보선 선거의 패배로 뭔가 깨닫길 바랐지만
방역 모범국이던 우리나라는 외신으로부터
'백신굼벵이'라고 조롱받는 처지가 됐다
올해 집단방역은 사실상 물 건너가고
사회적 거리두기 연장으로 국민고통이
배가되는 상황에서 방역수칙 위반자에
대한 무관용을 외치던 대통령이다
한 번도 경험해보지 못한 무능과 오만이
이 나라 국민이 원하는 모습은 아니다
퇴임 후 사저를 짓고 있는 고향 양산에는
주민들의 반대시위로 공사가 중단됐다

인도 하루확진 40만 명

인도에서 코로나19 신규확진자가 하루에만
40만 명이 넘게 나오는 등
바이러스 확산이 최악으로 치닫고 있다
인도 누적 확진자는 5월 2일 19,557,457명
누적 사망자는 215,542명으로 세계에서
두 번째로 많다
미국의 누적 확진자 33,146,015명에 누적
사망자 590,707명이다
전문가들은 인도의 확진자가 실제로는 훨씬
많을 것으로 보고 있다
NYT는 "매일 수천구의 시신이 화장터로
몰리면서 하늘이 연기로 뒤덮였다"고 했다
FT는 데이터 분석 결과 실제 사망자는
공식집계의 10배 이상일 것이라고 보도했다

민주당 대표 송영길

더불어민주당 새 당대표에
5선의 송영길 의원(58)이 선출됐다
5월 2일 전당대회에서 35.60%를 얻어
35.01%를 얻은 친문계 핵심 홍영표 의원을
0.59% 포인트 차로 제치고 승리했다
선거과정에서 "당명만 빼고 다 바꾸겠다"고 공언한
송 대표의 당선에 따라
부동산정책 등 기존 문재인 정부의 정책들이
방향전환을 할 수도 있다는 관측이 나온다
586그룹 출신 가운데 처음으로
당 대표에 선출된 송 대표는
친문색채가 비교적 엷다는 평가다

대통령 모욕죄

문재인 대통령 모욕죄로 시끄럽다
모욕죄는 친고죄라
피해자의 고소의사가 있어야 성립한다
영등포경찰서는 2019년 7월 국회분수대 인근에서
문 대통령 등 여권 인사를 비판하는 전단을 뿌려
적발된 시민단체 김정식(34) 대표를 기소했다
이에 야권은
"민주주의는 사라지고 문주주의만 남았다"
"대통령은 간장 종지다"라고 비판했다
여기에 한명숙 전 국무총리가
그의 불법 정치자금 수수죄에 대한
대법원 유죄 확정판결에 대해
6년 만에 다시 무죄를 주장하고 나섰다
가지가지를 하는 정권이란 말이 나온다
이해찬 전 대표는 윗물은 맑은데
아랫물 이 문제라고 해 웃음거리가 되고 있다

고시 낭인 윤석열

윤석열 전 검찰총장이 총장직에서 물어난
지 2개월이 돼간다 4·7재보선에서 극과 극의
성적표를 받아든 여야는
대선을 이끌 새 지도부를 꾸리느라 분주하지만
윤 총장은 여전히 잠행을 이어가고 있다
건장한 체구에 '강골 검사' 이미지가 강한
윤석열 총장에 대해 일반인들은
위기감을 느낄 때가 많다고 한다
윤 총장의 지인들과의 평가는 사뭇 다르다
유머 감각과 친화력을 타고 났다는 평가다
윤 총장은 9수 끝에 사법시험에 합격했지만
청년시절은 '비운의 고시낭인'과 거리가 멀다
관심사도 다양하다
법조 지식뿐 아니라 역사·미술·음악 등
다방면에 호기심이 많다
주당인 그는 술자리에서 다양한 주제를 갖고
두세 시간씩 혼자 이야기를 풀어가는 것이
예사라고 한다
노래 실력도 수준급이다
79학번 동기들의 애기를 담은 '구수한 윤석열'엔
그의 대학시절 별명이 '윤라시도 석망열'이었다는

대목이 나온다
유명 성악가 ‘플라시도 도밍고’에 비할 정도로
노래를 잘한다는 의미다
검찰 조직에서도
그의 ‘따거(큰형님) 리더십’은 유명하다
부인 김건희는 “2012년 결혼할 때
남편은 통장에 2,000만 원밖에 없었다”며
“자기가 먼저 술값·밥값을 내는 사람이라
월급이 남아나질 않았다”고 말했다
걸레스님으로 알려진
고 중광 수님과의 인연도 잘 알려져 있다
대학 시절 낙산사에서 우연히 만나
함께 술을 마시며 인연을 맺고 검사가 된
이후에도 교류가 이어졌다고 한다
대화할 때 머리를 좌로·우로 흔드는 그를 보고
덩치는 황소만한데 머리는 촉새 같다고 한
내가 계면쩍어지려고 한다

방탄총장 김오수

문재인 대통령은 5월 3일 검찰총장 후보로
김오수(58) 전 법무부차관을 지명했다
지난 3월 4일 임기를 4개월 남겨놓고 있던
윤석열 총장이 중도 사퇴한 지 60일 만이다
전남 영광 출신인 김 후보자는
광주 대동고와 서울대 법대를 나와
사법연수원 20기로 검사에 임관해 현정부 들어
2018년 6월부터 법무부차관으로 재직하며
박상기·조국·추미애 전 법무부장관 등
3명의 장관을 내리 보좌했다
이에 야당은 "3장관을 보좌하며 검찰과 대척점에서
검찰 내부의 신망을 잃은 사람"이라며
"정치적 중립과 독립이 생명인 검찰총장마저
'코드인사'를 강행했다"고 비판했다

영웅의 씨가 따로 있나

송영길 더불어민주당 신임 대표가
5월 3일 취임 일성으로 “내 집을 갖고자 하는
시민과 청년의 주거문제를 해결하겠다”고 공언했다
국립서울현충원을 찾은 송 대표는
이승만 대통령 묘역을 참배하고 방명록에
“대한민국 정부 수립에 기여하신 대통령님의
애국독립정신을 기억합니다”라고 적었다
박정희 대통령의 묘역에서는
“자주국방공업입국·국가발전을 위한
헌신을 기억합니다”라고 썼다
정치권에서는 “과거 문재인·추미애·
이해찬 전 대표가 묘역을 참배했을 때보다
적극적으로 공적을 기린 것”이라는
평가를 받고 있다
송 대표는 6·25전쟁 당시 활약한 손원일
김종오 장군 묘역을 따로 찾기도 했다
그는 “그동안 민주당이 세월호는 그렇게 챙기면서
유니폼 입으신 분들께는 너무 소홀히 한다는 말을
아들에게 들었다”고 말했다
당내에 논란이 되고 있는 강성당원 문제와
관련해 송 대표는 “서로 상처를 주지 말아야 하며

집단지성이 발휘되는 당으로
풍토가 바뀌어야 한다"고 일침을 놨다
"다 그렇게 될 것을 알고 있었는데
민주당 당신들만 모르고 지가논리에 빠졌다가
보궐선거를 치르고 나서야 알게 됐다는
지적이 있다"며 "민심이 당내 토론에 반영돼야
자기 교정이 가능해진다"고도 했다
송영길 부자(父子)가 합심한다면
한국의 정치지형은 물론
역사도 바로 세울 수 있을 것 같다는 생각을 해본다
영웅(英雄)의 씨가 따로 있는 게 아니다

거짓말 천국

2019년 4월 30일 문재인 대통령은
삼성전자 경기 화성사업장에서 열린
'시스템 반도체 비전 선포식'에서
"시스템 반도체 도전이 상공하려면
명실상부한 종합반도체 강국으로
자리매김할 것입니다"라고 말했다
이에 이재용 삼성전자 부회장은 "당부하신
대로 시스템반도체도 확실히 1등을 하겠다"며
2030년까지 133조 원 투자 약속으로 화답했다
화기애애한 분위기 속에서 문재인 대통령은
12인치 반도체 웨이퍼에 서명도 했다
허나 정치권은 대통령의 주문과는
정반대로 향해 달렸다
2019년 7월 일본 수출규제 속 "반도체만이라도
주 52시간제 적용을 완화해 달라"는
사업현장의 목소리는 공허한 메아리가 되었고
2020년 총선에서 압승해 거여가 된
더불어민주당은 기다렸다는 듯이
경제3법과 중대재해처벌법까지 해치웠다
급기야 2021년 초엔 이재용 부회장이
다시 구속수감까지 됐다

경제5단체를 비롯해
시민단체·종교계의 사면건의가 빗발쳐도
청와대는 고려한 바 없다고 시치미를 떼고 있다
반도체는 엄연한 전략무기이며
이제 미국이 반도체 패권을 쥐겠다는
시그널을 보내고 있지 아니한가

빌 게이츠 세기의 이혼

마이크로소프트(MS) 창업자 빌 게이츠(66)와
멀린다 게이츠(57) 부부가 27년간의 결혼
생활을 끝내고 이혼한다
법원에 제출된 둘 간의 이혼소송신청서에 따르면
1,460억 달러(164조 원)에 이르는
빌 게이츠 재산을 나눠 갖는데 서로 합의했다
두 사람은 5월 3일 트위터에 공동성명을 내고
“우리 관계에 대한 많은 생각과 노력 끝에
결혼생활을 끝내기로 결정했다”고 밝혔다
둘은 “우리는 3명의 놀라운 자녀를 키웠고
사람들이 건강하고 생산적인 삶을 살 수 있도록
세계에서 활동하는 재단을 설립했다”며
“우리는 그 임무에 대한 믿음을 계속 공유하고
재단에서 계속 함께 일할 것”이라 했다

멀린다에게 MS는 1987년 입사한 첫 직장이다
2년차 때 사장인 빌 게이츠와
비밀 데이트가 시작됐고
마케팅 매니저로 일하던 중 결혼해 전업주부가 됐다
하지만 세 자녀를 낳은 뒤 빌과
세계 최대 공익재단을 만들면서

사회활동을 재개해 2016년엔 포보스 선정
'세계에서 가장 영향력 있는 여성' 4위에 올랐다
빌 게이츠는 MS 지분 1.37%를 포함해
1,460억 달러의 재산을 갖고 있다
세계 4위 부자다
동등한 파트너를 강조해온 만큼 이혼 합의금이
사상 최고액이 될 것이란 전망이 나온다

세계 1위 부자 제프 베이조스(57) 아마존 CEO의
2년 전 이혼 때 부인 매켄지 스콧이
350억 달러(39조 원) 상당의
아마존 주식을 받은 게 최고다
2위 부자인
루이뷔통모에에네시 베르나르 아르노 회장(72)은
1990년대 초 이혼했다가 재혼했고
3위 일론 머스크(50) 테슬라 CEO는
세 번째 부인인 캐나다
출신 가수 그라임스와 살고 있지만
할리우드 여배우들과의 염문이 끊이지 않는다
세계 5위 부자로
2012년 결혼한 마크 저버그(37)
페이스북 CEO만 이혼하지 않았다

최재형 감사원장

최재형 감사원장에 대한 야권의 관심이
다시 고조되고 있다
5월 3일 검찰총장 후보자로 지명된
김오수 전 법무부차관은 당초 문재인 대통령이
감사위원에 임명하려 했던 인물이다
그러나 감사원의 '정치적 중립성 훼손'을 우려한
최재형 원장의 두 차례 거부로 뜻을 접었다
그런 최재형 원장을 국민의힘 일각에서는
일종의 '대선 예비선수'로 거론하고 있다
윤석열 전 검찰총장이 여권 핵심부와 충돌하면서
정치적 몸집이 커졌듯이
최 원장도 반문재인 전선에 선 사람이란 이유에서다
특히 국민의힘 전당대회와 맞물리며
'최재형 영입론'이 커지고 있다
야권 원로그룹에서도 같은 목소리가 나온다

국민의힘이 최재형 원장에 호감을 보이는
이유는 크게 세 가지다
① 원칙을 지키는 반문투사 이미지다
월성원전 1호기 조기 폐쇄 결정의
적절성에 관한 감사원 감사 과정에서

여권이 십자포화를 퍼부었는데도
꿈쩍도 않았다는 것이다
② 최근 감사원은 조희연 서울시교육감이
전교조 소속 4명을 포함한
해직교사 5명을 부당하게 특별 채용한 걸 지적한
감사결과를 내놓았다
③ '미담 제조기'로 불리는 최 원장의
남다른 개인사도 화제다
최 원장은 4명의 자녀 중 2명을 입양했다
경기고교 시절에는 다리가 불편한 친구를
등에 업고 다닌 일화가 있다
병역 명문가 출신인 점도 거론된다
최 원장의 부친은 6·25전쟁 때 대한해협해전
에 참전한 예비역 해군 대령이고 큰 아들도
해군병사로 복무했다
최 원장은 육군 법무관으로 병역을 마쳤다
야당의 러부콜이 이어지고 있지만
최 원장 본인은 정치권과 거리를 두고 있다
2018년 1월 2일 취임한 최 원장의 임기는
2021년 1월 1일까지다

제3장
20세기의 기적

이념적·실천적 지도자

우리나라의 이념적 지도자는
백범 김구·도산 안창호·해공 신익희 선생 등을
실천적 지도자로서는
이승만·박정희 두 대통령을 들 수 있다
이념적 지도자는 현실을 비판하고 이상을 드높인다
그러나 실천적 지도자는
이념을 현실에 적용하려 할 때에 난관에 부딪히고
때로는 그 이념에 반하는 행동이 강요되는
경우도 있다
우리나라에서는 글과 말로 좋은 소리를 하는
지도자에게는 존경을 표하지만
나라의 각박한 현실을 타개하기 위하여
흙탕물에 뛰어든 실천의 지도자는
옷에 흙을 묻혔다하여 지나치게 깎아
내리는 경향이 있다 지나칠 정도로…
마우스 골퍼라는 말이 있다
입으로는 번지르르하게 이야기를 하지만
골프실력은 별로인 사람 말이다

구국철학(救國哲學)

흔히 20세기를
세계사적 의미에서 격동의 시대로 부르는 것은
오늘의 선진국들도 두 차례의 세계대전을 전후한
엄청난 격란(激亂)을 겪었기 때문이다
하물며 한국은 후진국 중에서도 최빈국의 하나로
일제 식민지시대를 벗어나자
6·25전쟁까지 겪게 된 비참한 나라였지만
오늘날 한국이 경제발전을 굳건하게 이룩해 낸 것은
누가 뭐라 해도 세계 석학들은
박정희 대통령의 뛰어난 지도력에 의한 것이라고
평가하고 있다
"절망과 기아선상에서 허덕이는 민생고를
시급히 해결하고 민족적 숙원인
국토통일을 위하여 공산주의와 대결할 수 있는
실력배양에 전력을 집중한다"라는 것으로
그 속에는 박정희 대통령의 뜨거운 구국철학이
담겨져 있었다

좌파들의 행태

박정희 대통령을 독재자라고 매도하는
좌파들은 무지막지한 김일성·김정일
독재체제에 대하여는 침묵하고 있다
그 후계자 김정은에게까지 손을 내밀고
구걸하려든다
김정은 여동생 김여정으로부터
별의별 악담을 들으면서
대꾸조차 못하고 있는 몰골을 보고 있으려니
구역질이 난다

경제성장과 민주화

하버드대 경제학자 바로(R. Barro) 교수는
처음부터 민주화와 경제성장을 병행한
아프리카의 여러 나라들이 혼란만 거듭하다가
권위주의로 돌아섰지만
선(先)경제성장, 후(後)민주화의 발전 전략을
택한 한국·대만·싱가포르·칠레 등은 성공했다며
"개발 초기에 있어서의 민주화정책은
성장의 걸림돌"만 되었다고 단언하였다

1980년대 들어서 세계 석학들에 의해서
활발하게 논의되어 한국을 이른바
"향도적 시장경제의 전형적인 성공사례라 하여
『아시아의 다음 거인(巨人)』이란 책에서
보듯 한국의 발전전략을 극구 찬양하였다
바로(Barro) 교수는 1993년
현재 100개의 개도국을 표본으로 하여
실증적인 연구를 했는데
처음부터 민주주의를 시도한 나라들
민주화와 경제성장을 병행하겠다고 한 나라들은
민주화와 경제성장 모두 실패했고
선(先)경제성장, 후(後)민주화의 발전전략을

택한 나라들만 성공했는데 그 대표적인 경우가
한국·대만·싱가포르·칠레 등이라고 하면서
최종 결론은 "개발초기에 있어서의 민주화 정책은
성장의 걸림돌"만 되었다고 했다

중국의 등소평체제도
개발독재의 한 유형으로 분류하여
만일 천안문사태에서
민주화운동이 성공했다고 가정한다면
중국의 고도성장은 실패했을 것이라는 분석이다
개발초기에 사사건건 반대만 하는 지식인이나
정치인들에게는 탄압이 가해졌던 것도 사실이다
그러나 그러한 것들은 고도성장에 어쩔 수 없이
수반되었던 부작용이었다
유신체제 아래서 희생이 너무나 컸다고 하지만
중국의 천안문사태와 비교해보면 새발의 피였다
1,400여 명의 사상자와 1만여 명의 부상자를 내게 한
등소평은 지금도 중국에서 절대적인 존경을 받는
위대한 지도자로 추앙받고 있다
오버홀트(W. Overholt)는 『중국 부상(浮上)』이란
저서에서 "등소평은 한국의 박정희 모델을
그대로 모방하고 있다"며
박 대통령의 개발전략을 높이 평가한 바 있다

박정희의 이미지

1961년부터 1979년까지 18년의
박정희 통치기간은 한국현대사에서 입증할 수 있는
단 하나의 가장 의미 있고 변화의 힘이
작동한 시기였다고 평가한 사람은
J.에커트 하버드대학교 한국학연구소 교수였다
이 시간이야말로 국가의 모든 영역에서
전 국민의 근본적인 삶의 변화를 경험했으며
그 변화의 속도에 있어서는 한국역사에서 뿐 아니라
당시의 세계사 속에서도
선례가 없는 것이었다고 했다
이 유례없는 신기원(新紀元)에 격앙됐던
18년의 특성은 어떤 역사연구에서도 활발한
토론을 유발시키기에 충분한 것이었고
박정희 대통령이야말로 그 자신이 가장
깊숙이 그리고 당당하게 한국의 현대화계획의
지도자로서 이 변화의 중심에 서 있었고
그 계획을 거의 신앙적인 정열로 시작하고
이를 촉진시켰다
또한 그만의 아주 특별한 방법은 시기와 그
시대적 유산과 동일시되고 그 자신이
논쟁들의 핵심이 된 것이다

한국여론조사에서
박정희 대통령은 지속적으로 한국역사상
가장 인기 있고 존경받는 국가지도자로
자리 매김되고 있음을 보아도
한국의 일반 국민들은 이미
그러한 방향으로 가고 있다는 것을 말해준다
박정희의 이미지에서 특히 그의 투명하고
결단력 있는 지도력과 개인의 청렴성은 그의
후임지도자들의 실패와 금전스캔들과도
대비됨으로써 더욱 부각되고 있다
그러나 무엇보다도 박 대통령에 대한 일반
국민들의 존경심은 그의 두 가지 위대한
역사적인 성취에 대한 올바른 인식에서 불이
지펴진 것이다
그것은 한국국민을 빈곤으로부터 해방시킨 것
그리고 부유하고 강력한 국가를 새로 만듦으로서
한국을 국제세계의 중심멤버의 하나로 만들어
세계적의 주목과 존경을 받게 된 것이라고 했다

한국국민이 1960년대와 70년대에 빈곤으로부터
탈피한 것은 나라의 오랜 역사 속에서
그 유례가 없는 일이었고 완전히 많은 사람들이
영향을 받았다는 것 때문에 아마도 그것은
기록된 한국의 가장 위대하고 매우 중요한
사회적 변형(變形)일 것이다

한국의 눈부신 발전은
세계적으로 칭찬의 대상이 되었으며
그것으로 거의 100년이 넘게 가졌던
국가적 치욕과 절망감을 지울 수 있었던 것이다
20세기 초 한국국민의 초창기 세대들은
타 국가들의 부(富)와 힘(力) 앞에서 의기소침하여
무기력하게 놓여 있었으니 심지어
1950년대까지 그런 상태에서 한국은 당시만 해도
국제사회에서 희망 없는 경제적으로 파탄 난 나라로,
단지 나라의 재정을 메우기 위해
항상 많은 외국원조를 필요로 하는 나라로
인식되고 있었다고 했다

20세기의 기적

5·16혁명 당시 우리나라의 이슈는
남북통일·민주주의·먹고사는 문제였다
이 세 가지 중 남북통일의 경우 당시
우리나라의 1인당 국민소득은 82달러에 불과했다
북한은 125달러였다
공식적으로 1968년까지 북한 경제가
우리보다 앞서 있었다
민주주의 만해도 그렇다 북한에 비하여
괄목할 만한 민주주의 사회지만 국민소득
82달러로 밥도 못 먹는 나라가 어떻게
민주주의를?
민주주의·남북통일은 잠시 유보하고 우선
빈곤추방·경제개발을 택했다
박정희 대통령의 이 정책은 성공했다
그래서 온 세계가 놀랐다
세계 170여 개국 가운데
끝에서 4번째의 가난뱅이 한국이
지금은 세계 10위 경제대국이 되었다
이런 우리의 발전상은
'20세기의 기적'으로 회자(膾炙)되고 있다

우리도 하면 된다

김대중 전 대통령은 1985년 4월 초
신동아 잡지사와의 인터뷰에서
당시 우리나라 경제체제가
자유경제가 아니라고 비난하면서도
박정희 대통령은 국민의 민족적 자각을 깨우쳐준
지도자였음을 인정한다고 했다
"박정희 씨를 평가하는데 있어서
내가 제일 부적격자입니다
내가 라이벌이었기 때문입니다
그러나 내가 박정희 씨에 대해서 단 하나
인정한 것은 그분의 치적을 통해서
'우리도 하면 된다'는 자신감을 국민에게
심어주는데 성공한 것입니다
그 시절 이래
우리 국민들은 자신감을 갖게 되었습니다
나는 독재나 독재자를 미워하지만
사람은 미워하지 않습니다
사실 박정희 씨도 미워하지 않습니다"라고 했다

박정희 대통령 기념사업

1999년 5월 13일 당시 김대중 대통령은
박정희 대통령의 공로에 대해
"6·25전쟁 폐허 속에서 국민에게
'우리도 할 수 있다'는 자신감을 심어주고
조국근대화를 이룩한
박정희 대통령의 공로는 매우 컸으며
역대 대통령 중에서 국민으로부터
가장 긍정적으로 평가받는 분이 박정희 대통령임을
누구도 부인할 수 없는 일이다"라고 평가하면서
기념사업에 대해
"박정희 대통령에 대한 재평가와 지도자의
좋은 점을 찾아서 국민적 재산으로
후손에게 물려주고 배울 수 있도록 하는데
좋은 사례가 되기를 바라면서
나는 이제 박정희 대통령과 화해하고
진심으로 박정희 대통령 기념사업을 지원하겠다"고
약속함으로써 박정희 대통령 기념사업이 발의되어
정부 보조금 200억 원도 국회에서
만장일치로 가결되었다

대통령의 지지도

박정희 대통령에 대한 우리 국민들의 지지도는
2005년 광복 60주년을 맞이하여 실시한
여론조사에서 '가장 일을 잘한 대통령'으로
박정희 72.4%
김대중 18.4%
전두환 2.6%
'가장 훌륭한 대통령'으로
박정희 55.2%,
김대중 17.2%,
이승만 2.5%의 순위로 나타났었다
그 후에도 박정희 대통령은 1위 자리를
계속 유지하고 있다

위대한 민족주의자들

영국에서 산업혁명이 일어난 이후 다른 많은
나라들의 꿈은 그 산업화의 비법을 배워서
그들의 국민들로 하여금 보다 나은 생활수준의
혜택을 누릴 수 있도록 하는 것이었다
산업화가 안 되었던 4개국가 즉
아타투르크의 터키
리콴유의 싱가포르
등소평의 중국
박정희의 한국 등 이들 나라에서 총 20년에
걸쳐 연 10%의 초고속 성장을 이룩하고
이 기간에 국가의 근본적인 재정비를 하게 된 경위를
하바드대학교 Ezra F.Vogel 교수가 밝히고 있다

이들 4개국은 한 강력한 지도자가
국가의 질서를 바로 잡기 전에는
모두 혼란 속에 놓여 있었다
터키에서는 오토만제국이 몰락하고 나서
제1차 세계대전 후에는 혼돈이 잇달았다
싱가포르는 영국의 통치가 붕괴되자
공산주의자들과 다른 편의 사람들 사이의
지역 지배를 위한 투쟁이 있었다

중국에서는 문화혁명이 나라를 황폐화시켰고
나라를 혼란 속에 빠뜨렸다
한국도 역시 한국전쟁의 결과와 이승만 정권의
몰락 그리고 나라를 통합하는데 어려움을
겪은 장면 정부로 인해 혼란에 빠져 있었다
네 지도자 중 두 사람은 직업군인이었다
아타투르크와 박정희이다
또 한사람인 등소평도 8년간의 항일 저항과
4년간의 내전기간에는 고위 군사 지도자였다
리콴유는 군인은 아니었으나
그 역시 강한 지도자로서
분쟁기간 동안 국가안전을 위해서
탄압을 주저하지 않았다
모두는 그들 국가에 대한 엄격한 통제를 유지하였다
이들은 다 같이 철저하게 애국적(愛國的)이었고
위대한 민족주의자(民族主義者)들이었다

아타투르크의 정치적 실제는
오토만제국보다 작은 것이었다
등소평의 나라는 2천년의 역사를 가진 큰 국가였다
박정희는 단지 한반도의 절반인 남쪽만 지배했고
리콴유의 나라는 신생국가였다
이들 4개 국가가 현대화로 진전하기 위해서는
반대자들에게 엄중한 단속이 필요했는지는
식자들의 토론이 계속될 것이다

그러나 경제적 발전들은 뼈저린 가난을 경험한
사람들에게 큰 혜택을 안겨주었고
수명이 연장되었으며 교통·통신·의료보장
제도를 발달시켰다
이러한 돌파구를 만든 이들 네 지도자가 떠난
후의 몇 십 년 동안 이들 국가는
정치적으로 보다 여유가 생겼고
개인들도 긴장했던 시기보다는
휴식공간이 넉넉해졌다고 했다

경부고속도로 건설

1967년 4월 제6대 대통령 선거 때
박정희 후보는 고속도로 건설을 공약했다
1954년 미국 보병학교에서 위탁교육을 받을 당시
'일반도로에 비해 3배의 교통량을 소화하고
두 배의 속력으로 사고율은
5분의 1에 불과하다'는 것에 매혹되었다
1964년 12월 서독 방문에서 고속도로의 필요성과
효용성에 대해 확신을 굳혔다
문제는 돈이었다
당시 일본이 건설 중이던
도메이(東明)고속도로(도쿄-나고야)의
건설비를 기준하면 3,500억 원이 소요됐다
1967년 국가예산이 1,643억 원이었으니
2년간의 국가예산을 쏟아 부어도 모자랄 판이다
대통령은 관계기관별로
추정 건설비를 조사하라고 지시해
갑론을박 난상토론 끝에
마침내 공사비를 최대한 절약하면
공사기간 3년에 300억 원의 건설비로
고속도로를 건설할 수 있다는 결론에 도달했다
여기에는 현대그룹 정주영 회장의 입김이

크게 주효했다는 후일담이다
이번에는 야당과 국민의 반대가 빗발쳤다
“자동차도 없는 나라(1965년 41,000대 보유)에
고속도로가 웬 말이냐 대대손손 빚에 허덕일 거다”
그러나 1968년 2월 1일 서울 원지동에서
대통령 부부와 관계자들이 참석한 가운데
기공식이 거행되었다
숫한 우여곡절 끝에 1970년 7월 7일 공사시작
2년 반 만에 경부고속도로가 완공되었다
총공사비는 429억 원이었다
그해 12월 8일 대통령은
경부고속도로 중간 214km 지점 추풍령 고개에
기념물을 만들었다
준공기념탑과 위령탑을 세운 것이다
대통령은 기념탑 제막식에서
공사 중 유명을 달리한 77명의 넋을 기리며
“서울-부산 간 고속도로는 조국근대화의 길이며
국토통일의 길이다”라는 비문을 새겨넣었다

추억의 새마을교육

1978년 가을에
'사회지도반' 새마을교육을 받은 일이 있다
한국공인회계사회 박찬종 회장 당시
나는 이사(理事) 자격으로 각 회계법인 대표
서태식·옥영균·안효영·정영웅·김정대 등
공인회계사가 차출되었다
1주일간의 교육일정으로 15명씩 10여 개
반이 구성되었는데 한 반에 열다섯 개의
직업을 가진 사람들을 배치하였다

우리 반에는 코미디언 곽규석을 위시하여
김영삼 총재를 제명시킨 판사
5공 때 장영자에게 사기당한 공영토건 사장
동아일보 논설위원·변호사·교수·신부·목사·승려
공인회계사 등 각종 직업의 사람들이
한방에 합숙하면서
저녁에는 내무반별로 분임토론을 하는
철저한 교육 일정이었다
태어나서 그런 교육은 처음이었다
애국심을 고취하고 쇠뇌하는 느낌을 받았다
강의가 끝나고 휴식시간이 되면

삼삼오오 모여 하는 말
“우리나라가 언제 이렇게 컸지?”라고
감탄할 정도였다
매시간 사람을 개조하고 소름이 돋을 만큼
강의내용도 충실하였다
소등하고 대형태극기가 영상으로 떠오르면
애국가와 태극기에 대한 맹세를 하였다
새마을지도자연수원장은 김준(金準)이었다
집에 돌아와서 몇 달 간은 정신교육을 시킨다고
10살·6살 난 아들과 새벽에 청담동 영동고등학교
운동장에서 축구를 한다
일요일이면 허허벌판이던 강남 일대를 횡단
관악산을 갔다 온 기억이 생생하다
아이들 고생시킨다는 핀잔을 들으면서 지금
생각해도 웃음이 나온다
그놈들이 지금도 기억하고 있는지…
당시 한국사회 발전상을 그린 김희갑·황정순의
‘팔도강산’ 영화는 ‘벤허’ 이상의 인기가 있었다

불멸의 구국영웅

조상 대대로 이어져온 5천년 가난을 물리치고
우리의 조국을 잘 사는 나라 부강한 나라로
바꾸어놓은 구국영웅 박정희 대통령
5·16혁명 이전의 사회상이 떠올랐다
1960년 4·19 전후의 우리나라는
한마디로 파국직전으로
정치깡패의 준동·강절도·폭력·가난·도탄에 빠진
민생은 헤어날 길을 찾지 못해
'대한민국호'는 표류하고 있었다
4·19로 자유당 정권이 무너지고 민주당이 집권하면서
장면(張勉)내각이 출범해 수개월이 지났는데도
민주당내의 신구파 싸움은 염치도 없이 지속되었다
오히려 이승만 정권 때보다
못살겠다는 소리가 나왔다
새마을지도자교육을 받으며 그때를 생각했다

유일한 나의 빽

자유당 시절 '빽'이 없으면 행세를 못했다
빽 없는 사람은 '빽! 빽!'하다가 죽는다는
말이 있었다
내가 1950년 중학교 2학년 때 6·25전쟁이 발발해
9·28수복이 되고
안산김씨 종친 조카뻘인 김용채를 만났을 때
중학교 3학년이었다
그는 항렬은 아래지만 2년 선배였다
"군대를 갔다 와야 출세를 한다"며
학보병으로 간다고 하곤 소식이 끊겼다
내가 1963년 청와대 경호실에 근무할 때
김용채가 청와대를 방문해 반갑게 인사를 나눴다
이를 본 동료들이
"경호실에 누구 빽으로 들어왔나 했더니
김용채 씨였구나!"하고 손뼉을 쳤다
그때까지 그가 JP계열의
혁명군이란 것을 모르고 있다가
얼떨결에 그가 나의 유일한 '빽'으로 급조되었다
굳이 아니라고 부인할 이유도 없었다
그런데 나는 또 여기서 멍청한 짓을 했다

공인회계사 시험에 합격했다
박종규 경호실장이 “재무부로 가야겠군!”
“아닙니다 공인회계사로 일할 겁니다”
지금까지 살면서 후회한 일이 없었는데
이 일만큼은 지금도 후회하고 있다
나는 1969년에 소공동에 회계사무실을 개업했고
김용채 씨는 1969년 국회의원을 시작으로
5공 시절 서부트럭터미널 사장을 하고 있을 때
회계사로 조우(遭遇)했다
1987년 회사를 정리한 그는
마침 3김씨(김종필·김대중·김영삼)가 해금되면서
다시 정치를 재개해
국회의원·무임소장관·원내총무
토지주택공사 사장·국토교통부장관 등을 역임하였다

지록위마(指鹿爲馬)

중국 진시황제(秦始皇帝)의 아들 이세황제
(二世皇帝: bc210-207)인 호해(胡亥)가
환관 조고(趙高)에게 휘둘려 나라를 팔아먹고
'지록위마'라는 고사를 남겼다
간신 조고는 황제 호해에게 사슴을 바치며
말이라고 강변했다는 고사에서 유래됐다
즉 모순된 것을 우겨서
다른 사람을 속이려 한다는 말이다
동서양 역사를 돌이켜보면
성군(聖君)과 명군(明君)은 드물고
폭군(暴君) 아니면 혼군(昏君-暗君)이나
용군(庸君-변변치 못한 군주)이 대다수였다
이세황제 호혜는
암군(暗君-사리에 어둡고 어리석은 군주)에 속한다

역사전환기의 혼군

조선왕조 519년 역사에서 호해와 같은
혼군(昏君)을 꼽는다면
제14대왕 선조(宣祖: 1567-1608)
제16대왕 인조(仁祖: 1623-1649)
제26대왕 고종(高宗: 1863-1907) 등을
꼽을 수 있다
이들은 거대한 시대적 변화에도
무능·오판·무지·비겁함으로 국난을 자초했다
선조는 임진왜란
인조는 병자호란
고종은 망국을 불렀다
국제정세에 깜깜이었고 당파에 휘둘려
왕권 유지에 골몰한 것도 공통점이었다
혼군(昏君-暗君)은 사리에 어둡고 어리석은
임금으로 국어사전에 쓰여 있다
강남좌파 조국(曺國)에게 놀아난 꼴이 된
문재인(文在寅) 정권을 바라보는 눈이
그리 곱지 않은 것 같다

대통령의 눈물

1963년 파독 광부 500명 모집에
4만6천 명이 몰려들었다
그들은 대부분 대졸과 대학 중퇴자들이었다
일자리가 부족해서 실업자가 250만 명을 넘었고
1인당 국민소득은 80여 달러에 불과할 때
서독광부가 받는 월급은
600마르크(160달러)였으니 큰 금액이었다
이들의 송금액은 연간 5천만 달러로 한때
GNP의 2%에 달했다
1964년 12월 10일 차관을 얻으려 서독에 간
박정희 대통령 부부는 루르 탄광지대에서
환영식 단상에 올라 브라스 벤드가 애국가를
연주하기 시작했다
광부 300여 명과 간호사 50여 명은 애국가를
따라 불렀다
차츰 애국가소리는 울음소리로 변했다
급기야 대통령 부부, 광부, 간호사의 흐느낌은
통곡으로 변했다
박정희 대통령은 연설원고를 밀쳐버렸다
"가족이나 고향생각에 괴로움이 많을 줄 알지만…
비록 우리 생전에는 이룩하지 못하더라도

후손을 위해 번영의 터전만이라도…”
연설을 마무리하지 못했다
대통령 자신도 울어버렸기 때문이다
돌아가는 차속에서 흐르는 눈물을 감추는
대통령을 본 뤼프케 서독 대통령이 손수건을 꺼내
눈물을 닦아주었다고 한다
박정희 대통령은 이를 악물었다
국민들도 합심했다
가발과 플라스틱 조화를 만들어 수출했다
곰인형을 만들어 팔았다
쥐털로 코리아 밍크를 만들어 팔았다
서울 구로동에 있는 구로공단이 그 역할을 담당했다

잠룡인가 잡룡인가

미래도 밝지 않은 것 같다
대권을 준비하는 사람들은 많은데
그들이 잠룡(潛龍)인지 잡룡(雜龍)인지
구분이 되지 않는다
이재명은 청년들에게 대학에 가지 않는
대신 세계 여행비 1,000만 원을 공약하고
이낙연은 전역 때 3,000만 원을
정세균은 사회초년생에게 1억 원 통장을
만들어준다고 했다
이렇듯 여권 대선주자들은 청년층을
겨냥한 현금지원 공약이 잇따르고 있다
야권 대선주자 여론조사에서 1위를
달리고 있는 윤석열 전 검찰총장은
정치 행보를 하지 않은 채 정책을 열공 중이라고
국민의당 안철수 대표는 국민의힘과의 합당을 두고
기싸움을 벌이며 기회를 엿보고 있다
'밑 빠진 독' 신세가 된 국민의힘은
이 눈치 저 눈치 보며
잡룡(雜龍)도 챙기지 못하고 있다

5대 구국혁명

19-20세기에 무력으로 정권을 잡아
결과적으로 나라를 구해낸
구국혁명(救國革命)이 5개 있다는 게
역사학계(歷史學界)의 정설(定說)이다
① 일본의 메이지유신
② 터키의 케말 파샤
③ 이집트의 나세르
④ 페루의 벨라스코
⑤ 대한민국의 박정희
그 중에서 '기적(奇蹟)'으로 분류되는
경제성장은 대한민국(大韓民國) 뿐이다
그뿐만이 아니다
대한민국은 제2차 세계대전 이후
탄생한 신생 독립국가 중 유일하게도
선진국(先進國)대열에 합류한 국가다

전문가 50인의 의견

문재인 정부가 4년 동안의 국정운영에 대해
대학교수·평론가·전직관료 등
50인의 전문가들은 낙제점을 주었다
① 부동산시장 안정
② 경제 살리기 등 분야에서 중대한
   정책실패가 있었고
③ 소득주도성장도 실패했다
특히 정부가 핵심 국정가치로 내세운
'공정성'은 임기 동안 오히려 퇴보했고
중점적으로 추진해온 '탈원전 정책'도
철회해야 한다는 의견이 우세해
혼군(昏君·暗君) 평가를 받은 셈이다
문재인 국정운영 잘못 72%,
경제정책 낙제 80%,
한국사회 더 불공정해져 64%,
이재용·이명박·박근혜 사면을 62%,
탈원전 철회 62% 등으로 나타나고 있다

이웃 외국인 230만

2020년 말 기준 국내 거주 외국인은
230만 명이다
불법체류자를 포함하면
경제협력개발기구 OECD 기준 다문화·다인종 국가
(이주 배경 인구가 총인구의 5% 이상)에 해당한다
단일민족을 자랑하던 대한민국이 아니다
그러나 다양한 국적의 외국인들이 어울려 사는
다문화사회가 시작됐지만
다문화 수용성은 최하위권이라고 한다
국가인권위원회 조사에 따르면
이주민 300명 중 68%가
"한국에 인종 차별을 받았다"고 답했다
게다가 백인에게는 비교적 잘 대해주면서도
흑인·동남아 출신에 대한 차별이
심하다고 한다

제4장
5·18이 한국의 얼굴?

5·18의 전국행사

제41주년 5·18민주화운동 기념행사가
전국에서 열린다
코로나19 대유행으로 행사에는 100명
이내만 참여한다
광주시는 5월 9일
"'오월, 시대와 눈 맞추다'를 주제로
전국 15개 시·도에서 5·18 41주년을 기념하는
다양한 행사가 열린다고 밝혔다
대구에서는 10일부터 5·18기록물의
유네스코 세계기록유산 등재 10주년을 기념하는
전시회가 경북대에서 열리고
서울에서는 독립문광장에서
16일부터 18일까지
5·18다큐멘터리 전시회가 열린다고 한다

이한동 전 총리 별세

이한동 전 총리가 5월 8일 별세했다
향년 87세
고인은 5공 군사정권 시절인
1980년 정치권에 입문해
'3김(김영삼·김대중·김종필)시대'까지
한국 정치사의 한복판에서
타협과 대화의 정치를 강조한
보수진영의 거물이었다
경기도 포천 출신인 이 총리는
경복고와 서울대 법학과를 졸업했다
1958년 제10회 고등고시에 합격
1963년 서울지법 판사로 6년간 일하다가
1969년 검사로 옷을 바꿔 입었다
1980년 전두환 정권 출범 이후 부장검사를
끝으로 정계에 입문했다
그 후 1981년 민정당 후보로 당선돼 내리
6선의 국회의원을 지냈다
민주화 열기가 뜨겁던 1986년
민정당 원내총무를 지냈고
당시 야당과의 타협을 거절하던
민정당 내 강경파와 달리

6·29선언과 직선제 개헌 과정에서 핵심 역할을 했다
노태우 정부에서 내무부장관을 지낸 그는
1997년 '중부권 대표주자론'을 내세워
신한국당 대통령 후보 경선에서 이회창
이인제에 이어 3위에 그쳤다
이후 반이회창 노선의 중심에 서면서
활로를 모색하다가 김종필 자민련 총재와
손을 잡고 자민련에 입당해 2000년에
자민련 총재를 맡았다
이른바 'DJP 연합'으로 출범한 김대중 정부에서
김종필·박태준 총리에 이어 3번째 총리를 지냈다
헌정사상 처음으로 인사청문회를 거쳐
임명된 총리였다
이 전 총리는 '단칼'이라는 별명을 가지고 있다
협상을 앞세우면서도 중대한 결정은
과감하게 한다는 이유에서다

광주에 간 국민의힘

국민의힘 초선의원들이 5월 10일 광주 북구
5·18민주묘지를 참배했다
초선 의원들이 단체로 광주 방문에 나선 것은
이번이 처음으로 김기현 원내대표가
첫 지방일정으로 방문한데 이어 호남 민심
잡기에 동참한 것이다
이들은 참배 후 30분 동안 마른 천으로
비석을 닦는 정화작업도 했다
이날 문재인 대통령은 취임 4주년 특별연설
및 기자회견을 했다
집권 4년 공과(功過)를 설명하고 남은 1년
국민 협조를 구하는 마지막 기회였음에도
문 대통령은 '마이 웨이' 태도를 고수했다
"4·7재보선에서 죽비를 맞고
정신이 번쩍 들 만한 엄중한 심판을 받았다"면서
부동산 정책 실패를 우회적으로 언급하며
부분 조정을 하겠다고 한 게
그나마 한 발 물러선 시례라는 평가다

만민토론회

5월 10일 서울 프레스센터에서
‘대한민국 어디로 가야하나’ 주제로 열린
만민토론회에서 노무현 정부 노동부장관을 지낸
김대환 전 장관이 현 정권을 강도 높게 비판했다
“국회는 다수의 힘으로 입법을 몰아붙이고
사법부는 ‘내로남불’ 판결을 내리고
행정부는 자화자찬 행정을 하고 있다
문재인 정권 4년 동안
대한민국 민주주의는 바이러스에 감염됐다
제4부 언론·제5부라는 노동조합도 예외가 아니다”라며
“잘못된 정책으로 경제는 활력을 잃고
분배는 악화되고 노동시장은 경직돼
일자리가 사라졌는데 집값만 미친 듯이 뛰어서
국민들의 삶이 피폐해졌다”고 현 시국을 진단했다
만민토론회는 진보·중도·보수를 아우르는
원로 지식인이 주축이 돼 마련했다

인도 코로나 비극

최근 매일 40만 명 내외의 코로나19
신종바이러스 확진자가 발생하는
인도의 상황이 갈수록 악화되고 있다
북부 한 대학에서는 집단 감염으로
교수 34명이 한꺼번에 숨졌다
화장비용 상승 등으로 갠지스강에는
화장조차 하지 못한 40구 이상의 시신이
떠내려 와 일부 현지 매체는
떠내려 온 시신이 100구에 이른다고 전했다
인도에서는 시신을 화장한 후
재를 강에 뿌리는 습관이 있다
가난으로 화장용 땔감을 마련하지 못한 저소득층은
종종 완전히 태우지 못한 시신을
강에 떠내려 보낸다

5·16혁명 60년

2021년 5월 13일자 중앙일보
박태균의 역사비평에서
'5·16군사정변 60년, 다시 박정희를 생각하다'
타이틀의 기사를 읽었다
역사에서 가장 흥미로운 주제는 인물이다
한 시대를 풍미하였을 뿐만 아니라
활동했던 시대를 넘어서 영향력을 미치고
있는 인물을 분석하는 것은
그 시대뿐만 아니라 그 영향력이 계속
되고 있는 현재를 이해하기 위해서도
매우 중요하다고 했다

서오릉로의 대화

녹번동 출판사 인근에는 식당이 없다
한참을 차를 타고 서오릉에 가면
맛집 양평해장국집이 나온다
사무실보다 차 안에서 많은 이야기가 오간다
운전하고 가는 출판사 김순진 사장은
항렬이 높아 나이 어린 아재벌이다
평상시에는 '어르신'이라 예의를 갖추지만
때론 건방을 떤다
고려대학교 평생교육원에서 시학을 가르친다면서
"시(詩)다운 시를 써보세요"
"시다운 시? 골방에서 몸을 뒤틀어가며
영혼을 쥐어짜 알듯 모를 듯한 말로 쓰는
자기도취의 글 말이오?"
"나의 시는 들판에 개구리가 껑충껑충
뛰어다니며 파리도 잡아먹고 메뚜기도
때론 풀도 뜯어먹으면서 이것저것 보고
들은 세상이야기를 하고 싶은 거요
혼자만의 시보다 만인이 공감할 수 있는
시를 구사해 지식의 외연을 넓히고자 하는 것이오"
격론 끝에 얻은 결론이
'역사서사시(歷史敍事詩)'라는 명칭이다

김순진 사장이 책 뒤 표지에다 멘트했다

“지금까지 문학의 장르는 끊임없이
발전과 소멸을 거듭해왔다
중세 중국에서는 문학의 분류가
무려 50여 가지가 넘었다
그러나 모두 통폐합되고 현재 우리나라는
시·시조·소설·수필·아동문학·평론·희곡 등으로
크게 분류하고
시(詩)는 서정시(敍情詩)와 서사시(敍事詩)로
분류하고 있다 그런데 현대 시인들의
작품에는 서정시가 주류를 이루고
서사시가 거의 무너졌다고 해도 과언이 아니다
그러던 차에 김제방 작가께서
역사서사시(歷史敍事詩)라는
새로운 장르를 개척하여
10여 권의 시집을 발표하고 있는 것은
매우 고무적인 일이다”

5·18 호남 행

국회는 5월 13일 국회의장 직권상정으로
본회의를 열고 김부겸 국무총리 후보자의
임명동의안을 가결했다
국민의힘은 "협치 파괴" 라고 반발하는
가운데 더불어민주당 대선주자들이
5·18을 앞두고 '호남 구애작전'에 들어갔다
1위 탈환을 노리는 이낙연 전 대표는
5월 13일 나흘간의 광주일정을 시작했다
정세균 전 국무총리도 하루 앞서
전북을 찾아 바닥민심을 훑고 있다
유력주자 이재명 경기지사도 5·18을 맞아
광주를 찾는다
민주당 경선에서 호남은 매번 '전략적 선택'으로
존재감을 입증해왔다
'될 사람을 밀어주자'는 정서가 강하다는
평가를 받고 있어서다

K반도체 510조 투입

문재인 대통령이 2021년 5월 13일
“한반도 중심에 세계 최고 반도체 생산기지를 구축해
글로벌 공급망을 주도해가겠다”고 밝혔다
한국이 글로벌 반도체 패권전쟁에서
주도권을 행사하겠다는 공식 선언이다
삼성전자·SK하이닉스 등 반도체 기업들이
향후 10년 간 510조 원 이상을 투자하고
정부는 세제·금융 지원 규제완화 등으로
뒷받침하는 ‘민관 합동 전략’이 본격 추진된다
문 대통령은 이날 경기 평택 삼성전자
반도체 3공장 건설현장에서 열린
‘K반도체 전략보고대회에서 “반도체 강국
대한민국의 자부심으로 글로벌 반도체
경쟁에서 반드시 승리하겠다”며 이같이 말했다

삼성바이오로직스

2010년 3월 이건희 회장이
삼성그룹 수장으로 복귀하며 던진 화두는
“10년 내에 삼성을 대표하는 사업과
제품은 대부분 사라질 것이다”
그해 5월 발표된 삼성그룹 ‘5대신수종
사업’에 바이오·제약이 포함되어
2011년 삼성바이오로직스가 출범했다
당시 삼성그룹 안팎에선
“100년 이상 앞선 세계적 제약회사들을
따라잡긴 어렵다”는 우려가 나왔다
그래서 택한 1단계 전략이 바이오의약품
위탁생산(CMO)이었다
이건희 회장의 판단은 적중했다
현재 삼성바이오는 36만4000L의 생산
능력을 갖춘 세계 1위 CMO다
삼성바이오와 미국 모더나의 코로나19
백신 위탁생산 계약이 임박한 것으로 알려졌다

민주주의

재벌 총수나
노숙인이나 같은 1표라는
역설적인 불공정사회가
민주사회다
우리사회가 왜 시끄러운지
이제 알만하다
또 한 번 바뀌어야지
사회주의가 와르르 무너진 것처럼…

5월 16일

조용하네
다들 어디 갔나
돌아올 때가 되었는데
뭣들 하는 거지?

윤석열 행보

윤석열 전 검찰총장은 5월 16일
언론 인터뷰에서
“5·18은 어떤 형태의 독재와 전제든
이에 대한 강력한 거부와 저항을 명령하는 것”이라며
“5·18은 지금도 진행 중인 살아있는 역사”
“자유민주주의 헌법정신이
우리 국민 가슴 속에 활활 타오르는 것을
증명하는 것”이라고 말했다
공개일정을 삼가고 있는 윤 총장이
‘5·18메시지’를 내놓은 것은
대권주자로서의 행보란 분석이다
모두가 5·18이다
하필이면 5월 16일에…

5월 18일

광주로 달려가는 여야 주자들!
5·18민주화운동 41주년에 맞춰 여야가
일제히 '광주행'에 나섰다
대선까지 300일도 남지 않은 가운데
더불어민주당은 핵심 지지기반인
호남 지키기에 나섰다
이에 맞서 국민의힘은
'도로 영남당' 비판에서 벗어나
호남의 지지를 바탕으로
정권교체까지 이뤄내겠다는 목표로
'호남 구애' 전략을 강화하는 양상이다
미국 1850년대 서부개척시대를 연상케 한다
호남으로 가자!
전라도로 가자!

광주 주먹밥

광주의 아침 밥상에 '주먹밥'이 올랐다
여야 지도부는 주먹밥을 들며 대화를 나눴다
주먹밥은 1980년 5월 광주에서 시민군에게
시장 상인들이 만들어 건넨 음식으로
'5월정신'과 '연대와 나눔'을 상징한다고
기념식에는 김부겸 국무총리와 여야 지도부
5·18유공자 유족 등 99명이 참석했다
그러나 5·18민주화운동 기념식이
5·18단체들의 폭력사태로 얼룩졌다
관련 단체들 사이에선
"새로운 공법단체 설립을 놓고
집행부와 반대파의 알력 다툼 때문에
폭력사태가 발생했다"고 했다
5·18단체 유족회·부상자회·구속부상자회 등은
공법단체로 변경할 수 있는
법안이 통과된 후 갈등이 격화되고 있다
이 때문에 올해 5·18기념식은 과거와 달리
진보·보수의 이념갈등을 끊고 전 국민이
공감하는 행사로 치러질 것이라는 기대가 높았다
그러나 관련단체 내부 다툼에 따른 파행으로 얼룩져
"5월 정신을 되새기는 기념식의 의미가 퇴색됐다"는

지적이다
국회 청문회를 기점으로 진상규명이 시작된 지
30년이 넘도록 5·18을 둘러싼 논란은 현재진형이다
5·18폄훼와 모욕을 형사처벌하는 법까지 만들었지만
5·18을 온전히 역사적 평가에 맡기기까지는
더 많은 시간이 필요할 것 같다

산업화 > 민주화

대한민국 발전 기여도를 감안 산업화의
시발점이 된 5·16혁명을 깔아뭉개고
5·18민주화가 냉큼 올라앉아 있다
잘한 걸까
서울이 생기고 미아리 공동묘지가 생겼다
포천에서 올라오다보면 첫눈에
미아리 공동묘지가 보였다
지금 삼양동 일대와 장위동 일대가
모두 공동묘지였다
마치 공동묘지가 서울의 얼굴인 것처럼
불도저라는 별명의 김현옥 서울특별시장이
공동묘지를 헐어버렸다
이어서 서울의 판자촌을 광주단지로 내몰았다
당시 광주단지 소장이 우리 집안
안산김씨 촌로공파 종갓집 형인
김제항(金濟恒)이었다
성남시가 탄생할 때의 이야기다

한미정상회담

문재인 대통령이 한·미 정상회담을 포함
3박5일간의 방미일정을 마치고 5월 23일 귀국했다
문재인 대통령과 조 바이든 대통령 간
정상회담으로 대전환의 계기를 마련했다
두 정상은 백신·반도체·배터리 등
첨단산업분야를 중심으로
호혜적으로 협력하기로 했다
삼성·현대차·SK·LG 등 한국 4대기업은
현지에서 394억 달러(44조 원)에 달하는
대미 투자계획을 발표하면서
회담을 측면 지원했다
한·미 동맹의 지평이 기존 군사·안보 분야에서
경제·기술 분야로 확대되는 모양새다
양국 간 협력은 미국에 의존적인 군사·안보 분야와는
달리 호혜적이라는 특징이 있다
양국 정상은 이번 경제동맹 체결이
기업들의 공로라는 점을 분명히 했다
반기업정서의 문재인 정권의 속마음은 어땠을까?
한국이 빠진 글로벌 원전 시장에서 중국
러시아가 수주를 싹쓸이하고 있다
한 원전업계 관계자는 정부의 탈원전정책 영향으로

한국의 뛰어난 원자력 기술이
활용되지 못하고 있다며 안타까움을 토로했었다
'탈원전정책'의 늪에 빠져 있던 원전업계에
낭보가 날아들었다
이번 한·미 정상회담에서 양국이
해외 원전시장 진출을 위한 상호협력을
강화하기로 합의했다는 소식이다
탈원전정책을 고수하던 문재인 대통령의
가슴 아픈 결정일 수도 있었다
카멀라 해리스 미국 부통령이 백악관을
방문한 문재인 대통령과 만나 악수한 직후
자신의 옷에 손을 닦는 모습이 포착되면서
외교적 결례를 범한 것 아니냐는
논란이 미국 내에서 일고 있다
문 대통령이 얼마나 진땀을 흘렸으면
손바닥이 흥건했을까 하는 생각을 해본다

코로나백신 협력

삼성바이오로직스가 모더나사와
코로나19 백신 국내 위탁생산계약을 맺었다
한·미정상은 백신 생산·연구·개발을 위한
'백신 파트너십'을 구축하기로 했다
mRNA 방식인 모더나 백신은
아스트라제카·노바벡스·스푸트니크V에
이어 국내에서 위탁생산되는 4번째
코로나19 백신이 됐다
노바벡스사는 복지부 SK바이오사이언스와
백신 개발·생산에 대한 양해각서를 체결했다
조 바이든 미국 대통령은
"한국군 55만 명을 위해
백신을 제공할 예정"이라고 밝혔다
한미 백신 스와프는 불발됐다

노무현의 정신

"바보 노무현의 삶처럼
분열과 갈등을 넘어
국민통합과 사람 사는 세상을 만들기 위한
희망을 놓지 않겠다"
김부겸 국무총리는 5월 23일 오전
경남 김해시 봉하마을에서 열린
12주기 추도식에서 이같이 말했다
이낙연·정세균 등
여권 차기 주자들도 추도식에 참석해
"노 전 대통령의 뜻을 이루겠다"고 강조했다
국민의힘 김기현 당 대표 겸 원내대표도
이날 봉하마을을 찾았다
대통령씩이나 한 사람이 바위산에 올라가
투신자살하는 그의 뜻이 무엇인지는 모르겠으나
그 후 한국인의 자살률이 세계 1위라는
불명예도 잊어서는 안 될 것이다

제5장
윤(尹)왕비시대

서오릉 산책

오늘은 점심을 먹고 서오릉 산책을 했다
김순진 사장과 전하라 시인이자 편집장과 함께…
편집디자이너 김초롱은 빠졌다
일전에 시집을 가서다
김초롱은 나이로 보면 손녀 뻘이지만
항렬로 보면 여동생이다
"야 일만 하지 말고 연애도 해야지!"하면서 지냈는데
어느 날 김 사장이
"초롱이 결혼해요"
"그래 잘했어 애국(愛國)하는구먼"
결혼을 포기하고 출산을 포기하는 풍조에서
결혼을 한다니 칭찬을 받을 일이다
우리는 셋이서 5월의 푸르름을 만끽하며
한참 만에 도착한 곳이 세조(수양대군)의
장남 덕종(德宗)의 능이었다

덕종(德宗)

조선 재7대왕 세조(世祖: 1455-1468)의
장남으로 세조 즉위 후 세자로 책봉되고
한학의 딸 한씨(소혜왕후·인수대비)를
세자빈으로 맞아 월산대군(月山大君)과
성종(成宗)을 낳았으나 왕위에 오르지
못하고 타계했다
덕종은 성종이 왕위에 오른 후 추존되었다
덕종의 어머니는 윤번의 딸
정희왕후(貞熹王后) 윤씨였다
우리는 벤치에 앉아 이야기를 시작했다
전하라 시인이 역사에 흥미를 느끼고 맞장구를 치니
이야기는 길어질 수밖에 없었다

정희왕후 윤씨

예종은 세조의 둘째 아들로 세자(덕종)가
1457년(세조 3년)에 타계하자
세자로 책봉되었다
세조의 뒤를 이어 1468년 14세로
제8대왕 예종(睿宗: 1468-1469)으로 즉위하면서
세조비 정희왕후(貞熹王后)가 수렴청점했다
그러나 재위 13개월 만에 죽었다
정희대비의 명으로 13세의 덕종의 둘째
아들 성종(成宗: 1469-1494)이 즉위하면서
7년 동안 계속 수렴청정했다

남이 장군의 죽음

남이(南怡: 1441-1468) 장군은
태종의 외손자이자 세조의 고종사촌으로
세조의 장자방이던 좌의정 권람의 사위였다
남이는 17세에 무과에 장원급제하여
세조의 지극한 총애를 받게 되었고
1467년 함길도에서 이시애의 난이 발생하자
남이는 장군(將軍)으로 출정하고
유자광(柳子光)은 갑사(甲士)로 종군했다
이시애의 난을 평정하고 두만강 변에
진을 치고 있던 남이는 감회에 젖어
즉흥시를 한 수 지었다

"백두산 돌은 칼 갈아 다 없애고
두만강 물은 말 먹여 없애리
남아 20세 되어 나라 평정 못하면
후세에 누가 대장부라 부르리"

유자광은 그의 힘이 넘쳐흐르는 시를 보는
순간 질투심이 끓어올랐다
세조는 그 뜻이 장하다고 20세의 청년을
병조판서(국방장관)로 제수했다

그러나 유자광은 유규의 서자(庶子)로
지체가 낮다고 봉군을 받지 못하고
병조참의가 되었다
유자광은 아니꼬운 양반들을 혼내주기로
마음먹고 어전에 들어가 남이가 왕위를
노리고 있다고 모함했다
예종은 전부터 남이의 행동을 못마땅하게
생각하고 불안하던 차였다
곧바로 친국을 시작 결국 일당 25명과
함께 엄벌하라는 명령을 내렸다

영의정 강순은 너무나 억울하여 사형장에
끌려가면서 남이에게 물었다
"남이야 너는 나와 무슨 원수가 졌기로
나를 원통하게 잡아넣었느냐"
"여보 영상만 억울한 줄 아시오
나도 영상과 같이 억울합니다
당신은 일국의 영상으로서
나같이 억울하게 누명을 쓰고 죽는 것을
그대로 보고만 있으려 하지 않았습니까?
그래서 영상도 죽어야 싸다
생각한 것입니다"
그들은 그길로 형장의 이슬이 되었다
영의정 강순은 80세였고 남이는 28세였다

당일로 유자광은 적개공신이 되어
자헌대부 홍양군으로 봉군되었다
유자광의 모함에 의해 죽은 남이 장군은
350년 후인 1818년(순조18년)에 관작이 복관되었다
경기도 가평으로 알고 있는 남이섬은 실은
강원도 홍천 땅이다
그곳에 있는 남이장군의 산소는 진위가
불확실하다고 전해지고 있다
태종이 계모를 복수하기 위해 만든
서얼금고법·삼가금지법의 희생양이
자신의 외손자가 된 것이다

한명회의 두 딸

일세를 풍미하던 세조의 장자방
한명회(韓明澮)의 정자 압구정(鴨鷗亭)이
지금 강남구 압구정동 강변에 있었다
그 한명회에게는 두 딸이 있었다
큰딸은 예종이 세자시절인 1460년
세자빈이 되어 아들 인성대군을 낳았다
그러나 곧 죽고 말았다
아들을 잃고 난 세자빈은 1461년
꽃다운 17세의 나이로 자신도 세상을 떠났다
둘째딸은 성종이 등극하기 전인 자산군과
1467년 12세의 나이로 결혼했다
자산군이 11세였으니 법도상 부부일 뿐이었다
1469년 예종이 승하하고
자산군이 성종(成宗)으로 등극해
공혜왕후가 되었지만
1474년 19세가 되던 해에 몸져눕게 되었다
가장 행복하고 희망에 젖어 기쁨을 누려야
할 시기에 공혜왕후는 병세가 악화되었다
이 소식을 들은 성종은 마음이 불편하였다
한명회와 인수대비는 정략적으로
사돈이 된 사이였다

그래서 예종의 아들을 제치고 인수대비의
아들이 왕위에 올랐던 것이다
그러나 공혜왕후는 1474년(성종5년) 4월
세상을 뜨고 말았다

성종은 시일이 지날수록 중전에 대한 회한에
빠져 울적한 심신을 달래 보기도 했다
영의정 한명회는 딸의 죽음으로
임금께서 식음을 전폐하신 사실을
마음속으로 흡족해하면서도
임금께는 극구 만류하며 수라 드시기를 권유하였다
해가 바뀌어 성종의 춘추 20세가 되었다
수렴청정을 하던 대왕대비 윤씨에게
공손한 글이 정원에 나붙었다
"암탉이 울면 집안이 망한다
대왕대비는 정사를 상감께 맡기고 물러나시오"
그렇지 않아도 물러날 때가 되었다고 생각하던 차에
대왕대비는 영의정 한명회의 만류를 뿌리치고
전교를 내렸다
"상감의 춘추는 이제 20세가 되셨고
정사를 보실 수 있는 준비와 능력이 있다고
사료되어 정권을 상감께 돌려보내노라"
한동안 중전에 대한 서글픈 생각에 근신하던
성종임금은 대권을 잡고 보니 잠잠하던
호기와 본성이 서서히 드러나기 시작했다

성종의 꽃놀음

친정체제로 옮겨갈 즈음 사치·향응·향락으로
가득한 궁중생활의 바람이 상류사회로 번지고 있었다
이 같은 풍조는 다시 천민계급까지 물들어
나라가 망해간다고 신하들이 중궁법도와
절제를 간하기에 이르렀다
성종은 신하들을 멀리하고 형 월산대군과
술자리를 같이하면서 심회를 달래고 있을 때였다
취흥을 돋우다가 후원에 들르니 유난히도
아름다웠다 젊음과 아름다움과 신선하고
요염한 인간의 냄새가 물씬 풍겨왔다
한 폭의 그림 같았다
욕구·충동·흥분이 뒤범벅이 돼 요동쳤다
중전을 잃고 풀어버려야 할 심신의 매듭도 있었다
그 매듭을 풀어주기라도 하려는 듯
특출한 꽃 한 송이가 성종의 시선을 끌어 당겼다
좀 전에 마신 백화주와 석양빛과 타오르는
젊음에 취한 성종은 지밀상궁을 넌지시 불렀다
"상궁은 저 처녀의 신분을 아는가?"
"상감마마 누구 말씀이옵니까?"
저쪽에 백옥 같은 얼굴에 우뚝 솟은 코와
대리석을 깎은 듯 매끄러운 목을 돌리는
처녀가 조심스럽게 자리를 옮기고 있었다

한 발 한 발 옮겨가는 그녀의 자태는 마치
천국에서 갓 내려온 선녀처럼 아름다웠다
처녀가 방안으로 들어갔다
성종은 상궁을 앞세우고 처녀의 방으로 들어갔다
"너는 언제 궁중에 들어오게 되었느냐?"
"아뢰옵기 황공하오나 수일 전에 대왕대비
마마의 부름을 받고 입궁하였사옵니다"
"그래 어느 가문의 규수더냐?"
"예 저는 춘추관 기사관 윤기무의 딸이옵니다"
성종은 윤씨 처녀와 하룻밤의 가약을 맺고
매일이다시피 윤씨 처녀의 처소를 찾았다
몇 달이 지났을까 무릎을 베고 누워 있는
상감을 내려다보면서 윤씨 처녀는 말하였다
"마마 쇤네에게 일이 생긴 것 같사옵니다"
"아니 무슨 일이 생겼단 말이냐"
"실은 다달이 있어야할 것이 두 번이나 걸렀사옵니다"
"그렇다면 태기가 있다는 말이더냐"
"예 그런 것 같사옵니다"
"경사로구나 일치고 참으로 경사로다"
성종은 뛸 듯이 기뻤다
아기 한번 낳아보지 못한 중전 한씨가 세상을
뜨고 조정에서는 새로운 중전을 간택해야
한다는 의론이 분분하던 1476년 윤숙의가
옥동자를 분만하였다
연산군(燕山君)의 어머니가 된 것이다

주요순 야걸주

연산군을 낳고도 성종의 꽃놀음은 멈출 줄 몰랐다
여체의 신비함을 터득한 상감은
전보다 더 후궁들의 처소를 찾아다녔다
총명하고 영걸스럽고 너그럽고 인자하며
검소하고 효심이 깊은 성종은 학문에 통탈
백가의 역법·사서·성리·음악·활쏘기·글쓰기에
그림 그리기까지 정묘한 경지에 이르렀다
성품이 온순하고 선량하나 기국(器局)이 크고
도량이 넓은 임금이 국난·재해가 없는
태평성대에 백성들은 성종임금을 일컬어
주요순야걸주(晝堯舜夜傑紂)라 하여
정사(政事)에는 요·순임금처럼 태평성세를 구가하나
밤에는 하나라 걸 임금과 은나라 주 임금과 같이
독군이 되어 음왕으로 무수한 후궁을 거느리고
주색에 빠져 음탕하기가 말할 수 없다

성종은 천하 효자요 모든 학문에 조예가 깊어
안으로는 문운(文運)을 일으키고 밖으로는
국경을 튼튼히 하여 조선왕조 융성기를 이루었다
물론 세조임금 때 이룩한 초기문화가
이제 개화되기 시작했다는 사실을 간과해서는

아니 될 일이지만 성종은 20여 후궁 중에서도
정소용·권숙의·엄숙의 등을 총애하였다
그중에서 정소용은 자신이 체득하고 있는
온갖 기교를 동원하여 상감의 마음을 사로잡았다
정소용의 포로가 된 성종은 말했다
"내가 너무 성급하게 윤씨를 중전으로 맞아들인 것 같다
정소용을 택했으면 좋았을 것을…"
생각이 그런 성종은
중전궁을 찾는 일이 거의 없었다
중전 윤씨는 독수공방하는 날의 연속이었다

한 많은 인수대비

그날 이후 두 분 사이가 냉랭하다는 소문이
후궁들에게 알려졌고 시샘 많은 후궁들은
이 기회를 놓칠세라 계책을 꾸미기 시작했다
나이 20에 과부가 된 성종의 모후 한씨
인수대비(仁粹大妃)는 어떤가
세자였던 남편 도원군(桃源君-德宗)이
세상을 뜨는 바람에
중전 자리에 한번 올라보지도 못하고
겨우 14세의 시동생 예종이 등극하면서
얼마나 많은 밤을 독수공방에서 몸부림쳤던가
예종이 1년3개월 만에 세상을 뜨고
자신의 아들 성종이 등극하여 그나마 분이 풀렸고
인수대비라는 자리에 앉아있지만
시어머니 정희대비 윤씨의 섭정으로
숨 막히는 삶을 살아온 자신이 미웠다
그러니 누구를 미워하지 않고는 답답한 심정을
주체할 수 없는 인수대비였다
복에 겨워 투기질이나 하는 며느리를 곱게
볼 수가 없는 인수대비에게 정소용·권숙의·엄숙의 등
아들의 첩실인 그 귀여운 것들이
뻔질나게 찾아와 중전이 투기질이나 하고

후궁을 모해한다고 일러바치니 인수대비의
진노는 극에 달해 있었다

그러던 어느 날 밤 성종은 중궁전으로 향했다
"전하 어서 납시오소서"
"그동안 내 너무 소홀했나 봅니다 미안하오"
미소 짓는 중전을 보자 성종은 새삼스럽게
옛정이 꿈틀거렸다
"중전 다과상을 받고 보니 신방 같구려"
"전하 신첩 부끄러울 따름이옵니다"
"중전 가까이 오시오 아니 내가 그쪽으로 가리다"
성종은 자리에서 벌떡 일어나 중전에게로 다가갔다
그리고 중전을 번쩍 안고 일어섰다
"전하 어인 일이시옵니까?"
중전은 손을 내밀며 발버둥을 치다가
중전의 팔이 상감의 용안을 스쳤다
손톱자국이 났다
"오 전하…"
중전은 순간적으로 자신의 실수를 의식했다
성종은 떨떠름한 표정을 지었으나
대수롭지 않다는 듯 별말이 없었다
문제는 그 다음날부터 정소용의 입을 통해
침소봉대되었다 마침내 인수대비의 진노로
중전에 오른 지 3년 만인 1479년에 중전 윤씨는
폐서인이 되어 낙산 사가로 쫓겨나게 되었다

그 일이 있은 지 간택단자가 올라왔다
성종과는 달리 며느리를 내친 인수대비는
오랜 체증이 풀리는 것 같았다
새 며느리는 자기 손으로 고르고 싶었다
맨 앞에다가 정소용의 이름을 적고 다음 후궁
몇 명의 이름을 더 올려가지고
대왕대비궁으로 올라갔다
“대왕대비마마 정소용의 위인이 중전으로
가할 것 같아 천거하였사옵니다”
“정소용? 정소용도 무던하지 인사성 바르고
품위 있고 양반의 자식으로 글도 많이 했으니”
“마마 잘 보시었사옵니다”
인수대비는 뜻대로 되는 듯하여 느긋했다
대왕대비는 인혜대비(예종비)에게도
천거하라고 하였다
“저야 별로 마음에 썩 든 인물은 없사옵고
그저 정소용 정도면 무난하지 않을까
사료되옵니다”
대왕대비는 간택단자를 유심히 보고나서
윤 숙의로 결정을 보았다
“정소용이 중전으로 가할 줄은 알고 있으나
폐비사건에 말려든 장본인이라 백성들이
어떻게 생각할지 그것이 염려되어…”
인수대비 한씨는 또 윤씨냐 라는 듯 펄쩍 뛰었다
“아니 인수대비를 백성들이 어떻게 생각하느냐

그 말이었소 중전을 몰아내고
그 시앗을 다시 중전으로 앉힌
시어머니라고 욕하지 않겠소
더욱 폐비 윤씨를 복위시키라고
상소문이 빗발치듯 들어온다고 하여
상감도 이미 마음이 그쪽으로 돌아간다고 하는데…"
인수대비는 할말이 없었다
결국 대왕대비 윤씨는 윤숙의라고 쓰인 이름에
붓으로 비점을 찍어 상감에게 올리자
성종은 그날로 도승지를 불러 전교를 내렸다
이렇게 하여 1480년 11월에 새 중전이 된
윤숙의는 파평윤씨 윤호의 딸로
내명부로 입궁했다가 다시 왕비로 책봉되었다
성종은 25세였고 새 중전은 19세로
연산군의 뒤를 이을 중종(中宗)을 낳은
정현왕후 윤씨였다

6인의 윤씨 왕비

첫 번째 윤씨 왕비는 제7대왕 세조비
정희왕후(貞熹王后)로 윤번의 딸로
예종·성종 때 8년의 수렴청정을 했다
두 번째 윤씨 왕비는 제9대 성종의
제1계비 윤기무의 딸로 연산군을 낳고
폐비가 됐다
세 번째는 성종의 제2계비 윤호의 딸로
정현왕후(貞顯王后)가 되어 제11대왕
중종을 낳았다
중종반정으로 왕위에 오른 중종에게는
중전 신씨(연산군의 처남 신수근의 딸)가 있었으나
역적에 딸이라 하여 왕비가 된지
7일 만에 폐서인이 되어 쫓겨나고
제1계비가 된 장경왕후(章敬王后)가
네 번째 윤씨왕비가 되었다
장경왕후는 윤여필의 딸로 제12대 인종
(仁宗: 1544-1545)을 낳은 지 7일 만에 25세의
나이로 세상을 떠났다

다섯 번째는 같은 윤씨 집안에서 선택한
윤지임의 딸로 중종의 제2계비

문정왕후(文定王后)다
신사임당과 황진이 같은 여걸이 활동하던
시절이 이때였다
1517년 왕비로 책봉된 문정왕후는
제13대 명종(明宗:1545-1567)의 어머니다
12세 명종이 즉위하자 수렴청정을 하면서
대윤(大尹)·소윤(小尹)으로 갈라져 싸우고
나중에는 소윤끼리도 피나는 집안싸움으로
쑥대밭을 만들었다
문정왕후는 봉은사 보우 스님과 밀회를 하는 등
염문으로 문정왕후 사후 보우는
제주도에 귀양 갔다가 장살(杖殺)되었다
명종의 아들 순회세자는 하라는 공부는 안 하고
나인들과 못된 짓만 하다가
13세 나이로 피를 토하고 죽었다
이로써 조선왕조에 대가 끊겼다
서오릉 초입에 순회세자의 묘가 있다
순회세자와 가깝게 지내던
선조(宣祖)가 제14대왕으로 추대되어
사색당파싸움과 임진왜란을 초래하였다
여섯 번째는 제26대 순종황제의 계비
순정효황후(純貞孝皇后)다
이때 순종황제는 34세였고
순정효황후는 14세 소녀였다
언제부터인가 윤씨 집안은 남자보다

여자의 기(氣)가 드세다는 속설이 있다
윤석열 전 검찰총장이
이런 이미지를 깰 수 있을지 지켜볼 일이다

세계적 변화시대

5인의 윤씨 왕비
정희왕후·폐비윤씨·정현왕후·장경왕후·문정왕후 시대인
세조·예종·성종·연산군·중종·인종·명종시대
100여 년 간은 세계적으로
큰 변화의 시대이기도 하다
중세 봉건사회는 14세기경부터 교회중심의
세계관이 무너지면서 해체되기 시작했다
중세문화와 봉건적 사회구조의 쇠퇴는 새로운
사회체제와 문화를 형성시켰다
이것이 근대세계와 근대문화로써
르네상스·종교개혁·지리상의 발견·과학혁명 등으로
구체화되었다

변화의 시작

국민의힘 새 당대표를 뽑는
6·11전당대회에서 신예들이 돌풍을 일으키고 있다
36세인 이준석 전 최고위원이 중진들에 앞서
여론조사 1위를 달리고 있다
한 번도 국회의원에 당선된 적이 없는
30대 정치인이 전대 1위를 다투는 것은
보수야당을 넘어 국내 정당사에 없던 일이다
오세훈 서울시장의 표현대로
"유쾌한 반란"이 펼쳐지고 있는걸까
미국에서는 코로나19 백신 접종자가 늘고
방역수칙도 완화되면서 일상 복귀에 나선
소비자들의 쇼핑 품목이 변하고 있다
활동에 필요한 물품이
다시 우선순위에 오르고 있다
미국의 립스틱 매출이 3,420만 달러(약 387억 원)로
지난해 같은 기간 대비
80% 이상 늘었다고 한다

민주당 이미지

더불어민주당 하면 가장 먼저
떠오르는 이미지는 뭘까
민주당 자체조사에서 돌아온 답변은
"위선(僞善)·내로남불·무능력(無能力)"이었다고 한다
얼마나 답답했을까
송영길 더불어민주당 대표가
최저임금 등 문재인 정부의 '소득주도성장' 정책을
정면 비판했다니…

이종남 전 법무부장관

이종남 전 법무부장관이 5월 25일
서울 서초동 자택에서 노환으로 별세했다
향년 85세
고인은 1936년 서울에서 태어나
덕수상고를 졸업하고 고려대 법대 재학 중
고등고시 사법과 12회에 합격하고
공인회계사 시험에 잇따라 합격했다
조세법 박사로서 검사 입문 뒤 1981년
대형부패사건을 수사하기 위해 설치된
대검 중수부의 초대 부장으로 취임했다
'단군 이래 최대 사기사건'으로 불린
이철희·장영자 금융사기 등 대형 사건을
수사 지휘하였다
노태우 정부 때 법무부장관을
김대중 정부 때 감사원장을 지냈다
한국공인회계사회 회장과
법무법인 세종의 대표 변호사로 활동했다

33번째 뜨물

문재인 대통령이 5월 31일
김오수 검찰총장에 대한 임명동의안을 재가함으로써
문재인 정부 출범 이후 야당의 동의 없이
임명을 강행한 장관급 인사는 33명이다
거듭된 강행에 국민의힘은 강하게 반발
“거대 여당의 의회 독재를 통해 33번째
‘야당 패싱’ 임명을 단행한 문 대통령은
대한민국 역사에서
불통·독선·오만의 상징으로 기록될 것”이다
“김 총장은 권력 수사 무력화의
‘검수완박–검찰 수사권의 완전 박탈’을 완수하는
허수아비 검찰총장으로 남을 것”이라고 비판했다

한국이 자랑스럽다

2006년부터 15년간 경제협력개발기구(OECD)를 이끈
멕시코 이코노미스트 출신의
앙헬 구리아 총장(72)이 6월 1일 물러난다
1948년 설립된 OECD의 최장수 수장인 그는
"한국이 한 세대 만에 원조를 받는 나라에서
원조를 주는 나라로 놀라운 변신을 한
회원국이라는 점이 자랑스럽다"며
한국의 경제 발전을 높이 평가하면서 한국을
"가장 극적으로 변화한 국가의 상징"이라고도 했다
구리아 총장은 "반도체·IT·AI 등 여러 분야에서
한국의 발전은 인상적이라며
"각국 정부에 '한국이 자랑스럽다'
그 비결을 공유해야 한다고 말하곤 했다"고 밝혔다

고개 숙인 정부여당

2021년 6월 2일 정부여당은 일제히
고개를 숙였다
문재인 대통령은 삼성전자·현대자동차
SK·LG 등 4대그룹 대표와의 간담회를 갖고
한·미정상회담에서 기업 역할에 대해서
고마움을 나타냈다
문 대통령은 “4대그룹이 함께해준 덕분에
한·미정상회담 성과가 참 좋았다”며
삼성전자 이재용 부회장 사면 건의에 대해서도
‘고충을 이해한다’고 말했다
더불어민주당 송영길 대표는 ‘조국 사태’
‘박원순 서울시장’ ‘오거돈 부산시장’의 성추행
‘LH투기사태’ 등에 관련해
“수많은 청년들에게 좌절과 실망을 줬다”고 사과했다
김부겸 총리는 한국토지주택공사(LH) 임직원들의
광명·시흥 3기 신도시 투기의혹에 대해 사과했다

국민의힘 굿노래

6월 11일 국민의힘 당 대표 선거에서
이준석·나경원·주호영·홍문표·조경태 등
후보들은 36세의 '이준석 돌풍'을 일으키면서
후보자 토론회가 유튜브 시청자 수와
TV시청률 면에서 높은 수치를 기록
흥행에 성공했다는 당 내부 평가가 나오고 있다
윤석열 전 검찰총장의 입당도 예고됐겠다
굿노래가 저절로 나올 만도하다

대한민국의 뒷골목

5월이 가고 6월이 다가왔다
정치떼거지들이 광주 5·18민주묘지와
봉하마을로 달려가 떠들썩하던
5월의 분위기와는 사뭇 다르다
6월 6일 현충일은 나라를 지키다가 목숨을 바친
애국지사와 국군장병의 명예로운
희생을 추모하는 날이다
그런 날 대통령이 사과해야 했다
상관으로부터 성추행 피해를 당한
부사관이 자살하게 만드는 현실과
부실한 식판을 보고 아들을 군대 보낸
부모 가슴을 찢어지게 만드는 게
오늘날 우리 대한민국의 군대다
문재인 대통령은 현충일 추념사를 통해
"최근 군내 부실 급식사례들과 아직도
일부 남아있어 안타깝고 억울한 죽음을 낳은
병영문화의 폐습에 대해 매우 송구하다"며
이런 폐습을 반드시 바로 잡겠다고 했다
문 대통령은 피해 부사관(여군 중사)의
추모소가 마련된 국군수도병원을 찾아
유족에게 "국가가 지켜주지 못해 죄송하다"고

거듭 사과했다
기업은 당당하게 세계와 경쟁하는데
관료는 썩고 있다
군은 국민의 신뢰를 잃은 지 오래다
더는 폐쇄주의 속에 안주하는 3류 군대로
방치해선 안 된다
5월과 6월이 이렇게 다를 순 없다
이게 대한민국 뒷골목 풍경이고
좌파정권의 민낯이자 위장된 민주화
세력의 모습이기도 하다

뒤집힌 강재징용판결

김명수 대법원장이 인정했던 일제강점기
강제징용 피해자들의 손해배상 청구권을
하급심인 1심이 정면으로 부인하고 나섰다
서울중앙지법 민사34부장 김양호(51) 판사는
6월 7일 강제징용 피해자와 유족 85명이
일본제철·미쓰비시중공업·시마쓰건설 등
일본 기업 16곳을 상대로 제기한
1억 원 씩의 손해배상금 청구소송에 대해
각하판결을 내렸다
사실상의 원고 패소판결이다
대법원도 놀랐다
2018년 10월 30일 강제징용 피해자들의
손해배상 청구권을 인정했던
대법원 전원합의체 판결을
2년 8개월 만에 뒤집은 것이다
핵심은 1965년 한·일협정에 대한 해석 차이에 있었다
법원이 한·일관계에 던졌던
'시한폭탄'의 타이머를 스스로 멈췄다
문재인 정부 들어 한·일 간 악순환 고리의
시작점이나 마찬가지였던 대법원의
강제징용피해 배상 판결을 하급심에서

뒤집은 것이다
김양호 판사는 이번 판결에서 한·일관계의
경색이 결국 한·미동맹의 악화로 이어져
헌법상 가치가 침해될 가능성도 있다고 봤다
"만약 국제재판에서 패소할 경우
일본과의 관계가 훼손되고
이는 안보와 직결된 미국과의 관계 훼손으로 이어져
헌법상 안전보장을 훼손하고 사법 신뢰의 추락으로
헌법상 질서유지를 침해할 가능성이 있다"는 대목을
판결문에 적시했다

제6장
산업정책으로의 회귀

새로운 100년 산업정책

문재인 정부에서 산업정책이 죽었다는
비판이 많았다
다 죽어가던 산업정책을 일깨어준 건
엉뚱하게도 한국 반도체를 겨냥한 일본의
수출 규제였다
최저임금의 급격한 상승으로 시작한
소득주도성장(소주성)과
환경·안전·노동· 규제 등을 내세워
반(反)기업·산업으로 질주하던 정부로 하여금
위기감을 들게 했다
정부는 외교정책 실패를 대일감정에 편승한
소재·부품·장비 국산화 투자로 가렸지만
그것으로 끝날 문제가 아니었다
집권여당은 한·일전 승리 운운하지만
일본은 수출 규제의 칼을 아직 빼지 않았다
산업정책은 통상외교와 불가분의 관계 속에
전략게임으로 가고 있다

산업정책의 눈을 돌리게 한 또 하나는
미국과 중국의 충돌이다
미·중이 블록화 경쟁으로 치달으면

글로벌 공급망 재편이 불가피하다
그 속에서 살아남으려면
글로벌 공급망의 관문 역할을 하는
전략자산 확보가 필수적이다
새로운 산업혁명을 이끄는
인공지능(AI)·양자컴퓨팅·반도체 등이
여기에 해당한다
한국이 한·미 정상회담을 통해
맞는 방향을 잡은 것은 다행이다
일각에서는 미국의 압력에 한국이
삼성 등 4대그룹을 동원해 44조 원에 달하는
투자를 갖다 바쳤다지만 그렇게만 볼 게 아니다
한국이 미국의 요구사항을 수용하면서 챙긴
성과에 미·중 충돌 상황에서 '소 뒷걸음치다
쥐잡기'로 찾아온 행운까지 종합하면
한국이 어떻게 활용하느냐에 따라 얻는 게
더 많을 수 있다
미사일사거리제한 종료·코로나19백신협력·
반도체·전기차·베터리 등 공급망 손잡기를 넘어
AI·개방형무선접속기술·기반차세대 통신·양자기술 등
신흥기술 파트너십 합의는
미래를 위한 발판이라는 점에서 특히 그렇다
여기에 우주협력과 탈원전 정책을 만회할
미국과의 해외 원전시장 공동참여까지 더해졌다
기회가 온 것과 기회를 잡는 것은 다른 얘기다

현실은 녹록치 않다
미국이 중국을 겨냥한 쿼드 참여국 모두와
이런 식의 전략적 연대를 떨치고 있어서다
산업정책은 고도의 전략게임이다
앞으로 100년을 좌우할 새로운 산업혁명이
진행 중인 상황에서는 더 말할 것도 없다
문재인 정부가 44조 원 대미 투자로
4,400조 원을 벌어들일
절호의 기회를 잡을 수 있을지
그게 의문이고 걱정이라고
한국경제 안현실(AI경제연구실장) 칼럼은
이야기하고 있다

36세 당대표 이준석

2021년 6월 11일 실시한 국민의힘
전당대회에서 이준석 후보가 43.8% 득표로
첫 '30대' 보수당 대표 선출되었다
나경원 후보 37.1%
주호영 후보 14.0%
조경태 후보 2.8%
홍문표 후보 2.2%였다
입법·사법·행정 경험이 전무한 36세의
'0선' 정치인이 한국 간판 정당의 대표가 된 것은
70여 년 헌정사상 처음 있는 일이다
세대교체와 정치개혁을 바라는 민심이
경선 결과로 이어졌다는 분석이다
문재인 대통령은 이준석 대표와 직접 통화하고
"정치뿐만 아니라 우리나라가
변화하는 조짐이라 생각한다"고 말했다고
박수현 청와대 국민소통수석이 전했다
외신들도 "한국의 보수 야당이 내년 대선에
도전하기 위해 젊은이를 선택했다"며
선거결과에 큰 관심을 보였다
최고위원으로
조수진·배현진·김재원·정미경(득표순)이 당선됐다

최고위원 네 자리 중 세 자리를 여성위원이
차지하며 ‘여성돌풍’이 불었다
청년 최고위원에는 31세의 김용태 광명을
당협위원장이 이름을 올렸다
이준석 신임 대표는 당대표 수락연설에서
기성 정치인들과 차별화된 메시지를 내놨다
“가장 강조하고 싶은 것은 ‘공존’이라며
“누군가에게 청년다움, 중진다움·당대표다움을
강요하면서 우리 사회의 달걀·시금치·고사리와 같은
소중한 개성들을 갈아버리지 않았으면 좋겠다”고
강조했다
정치인들이 선거가 끝난 뒤 통합을 위해
의례적으로 내놓는 ‘용광로 이론’에서
한 단계 발전된 개념을 선보였다
다양한 개인의 개성을 뜨거운 온도로 균질하게
만드는 용광로보다 비빔밥처럼
각각의 개성을 인정하는
다원화된 사회로 나아가야 한다는 의미다

박근혜 키즈 이준석

이준석 신임 대표가 정치권에
처음 발을 들인 건 2011년 12월이다
당시 박근혜 새누리당 비상대책위원회 위원장이
비대위 외부영입위원으로 지명하면서다
청년벤처기업 '클라세스튜디오' 대표였던
그는 당시 26세였다
미국 하버드대 졸업 후 저소득층 학생대상
무료과외 봉사단체 '배움을 나누는 사람들'
활동으로도 이름이 알려져 있었다
특히 박근혜 당시 비대위원장이
직접 발탁한 인사로 꼽히면서 '이준석'이라는
이름 뒤에는 '박근혜 키즈'라는 꼬리표가 따라붙었다
2012년 새누리당 비대위 시절부터
김종인 전 비대위원장과 인연을 맺어왔고
당시 김종인과 이상돈·이준석 비대위원은
박근혜 비대위원장 앞에서 쓴소리를 해왔던
인물로 꼽힌다
비대위원으로 활동하기 전에는
2004년 6월부터 2개월 동안
당시 유승민 한나라당 의원실
인턴으로 활동한 바 있다

이준석 대표의 부친과 유승민 전 의원은
경북고·서울대 동창이다
서울과학고 시절 학생회 부회장으로 활동하며
학교의 컴퓨터가 오래되자 컴퓨터회사에
'중고컴퓨터를 기증해 달라'는 제안서를 보내
협상을 통해 컴퓨터를 기증받은 일화도 있다
박근혜 비대위에 발탁됐지만 그는
2016년 최순실 국정농단사건이 불거지자
박근혜 대통령의 하야를 주장했다
이 대표는 이번 전당대회기간 중 TK를 찾아
"정치권에 영입해준 박근혜 대통령에게
감사한 마음이지만 탄핵은 정당했다고 생각한다"는
입장을 밝히기도 했다

속내 복잡한 여당

더불어민주당은 6월 11일 공식적으로는
국민의힘 이준석 대표 당선에 축하메시지를
보냈다 송영길 대표는 "우리나라 정치사상
최연소 제1야당 대표 선출을 계기로 정치가
변화하는 계기가 되기를 기대한다"며
"국민의힘이 탄핵의 강을 넘고 합리적인
보수로 발전하는 전환점이 되길 바란다"고 했다
겉으로는 축하했지만 '36세 보수정당 대표'의
등장을 바라보는 민주당의 속내가 편치는 않다
여권 관계자는
"쇄신작업이 지지부진한 민주당으로선
우려했던 최악의 시나리오가 현실화된 셈"이라며
"여권 대선주자들도
식상한 '구태정치' 이미지에서 벗어나지 못하면
내년 대선에서 예상보다 더 어려운 승부수를
맞이하게 될 것"이라고 했다

한국인 교황청장관

천주교 대전교구장 유흥식(70) 주교가
한국인 사상 처음으로 바티칸 교황청의
장관에 임명됐다
프란치스코 교황은 6월 11일 유흥식 라자로 주교를
교황청 성직자성장관에 임명하면서
대주교 칭호도 함께 내렸다
교황청 성직자성은 전 세계 사제와 부제의
직무와 생활업무를 관장하는 부처다
신부의 사목 활동을 감독·심의하고
신학교 관할권도 갖는다
교황청에는 9개성(省)으로 구성된 행정기구가 있는데
각 성의 장관은 추기경이 맡는다
유 대주교도 성직자성장관 직을 수행하며
추기경 서임이 확실하다
유 대주교는 1979년 이탈리아 로마 라테라노대
교의신학과를 졸업했으며
사제서품도 이탈리아에서 받아
이탈리아어에 능통하다

이준석 현상

자고 일어나니 세상이 바뀌었다
헌정사상 처음으로 30대 제1야당 당 대표가 탄생했다
1987년 민주화 이후 30년 이상
우리 정치를 지배해온
이념논쟁·진영논리에 대한 심판으로
'이준석 현상'을 불러온 것으로
역사상 최고 수준의 정치적 양극단화를 초래한
여야 기성정치권에 대한
불신이 초래한 것으로 보는 견해가 있다
신문·방송 유튜브를 덮고 있는 '36세 젊치인'
이준석의 이야기다
그는 파격행보를 이어가고 있다
따릉이를 타고 첫 출근하는 모습을 보이더니
6월 14일 첫 공식일정으로 국립대전현충원을
찾아 천안함 희생자 장병묘역을 참배한 뒤
광주를 방문해 학동 4구역 철거 현장 붕괴사고
희생자 합동분향소에서 조문했다
과거 당직자들이 동작동 국립서울현충원을
먼저 방문한 것과 사뭇 다르다

국제적 망신

영국에서 열린 G7 정상회의와 관련
정부가 보이는 행태가 납득하기 어렵다
국제 기류와는 정반대인 대(對)중국·북한
저자세는 물론이고 국제정상들이 찍은
기념사진 조작논란까지 자초했다
청와대는 문재인 대통령이 피(被) 초청국
자격으로 참석한 것을 두고
“G8으로 자리매김했다”고 자화자찬했지만
우리 외교수준이 이 정도밖에 안 되는지
한심하다고 했다
정부는 정상회의 기념사진을 홍보물로 사용하면서
앞줄 왼쪽의 남아공 대통령을 잘라내고
문 대통령이 가운데에 서 있는 것처럼
보이게 만들었다
외교 결례를 넘어 국제망신이라고
한국경제 6월 16일자 사설은 말하고 있다

CPA 정기총회

제27회 대전지방공인회계사회 정기총회 참석을 위해
강남 고속버스 터미널을 출발해
대한민국 발전의 상징선 경부고속도로를 달렸다
2021년 6월 16일 아침에
코로나19 여파인지 10여 명의 승객이 탑승
청명한 날씨에 기분이 상쾌했다
차창을 스치는 푸르른 산과 하늘높이 솟은
아파트군은 아름다운 대한민국을 상징하기도…
오랫동안 집에 갇혀있던 해방감이랄까
가슴이 트이는 것 같았다
코로나19 백신접종 1천4백만 명이란다
하루빨리 코로나위기를 벗어나 자유롭게
여행할 수 있기를 기원해본다

밀레니얼 세대

밀레니얼 세대(1982-2000년생)들에겐
'부모보다 가난한 첫 세대' '잃어버린 세대'
와 같은 절망의 꼬리표가 따라다녔다
범위를 조금 더 좁혀 마케팅 시장의 집중을 받는
Z세대(1995년 이후 출생)를 제외한
'나이든 밀레니얼'의 현실은 더 암울했다
지금 한국 정치에서 가장 주목받는 1985년생
이준석 국민의힘 당대표는 밀레니얼 세대다
MZ세대는 성장기를 인터넷·스마트폰과 함께 보냈다
친구와의 교류·학습정보 습득·여가용 게임 등이
모두 네트워크와 플랫폼을 경유한다
공통 관심사와 필요한 정보는 즉각적으로
전달되고 상호반응이 일어난다
선진국 국민(1980년 이후 출생)으로
분류되기도 하는 이준석 대표는 묘한 세대다
이 밀레니얼 세대의 반격이 시작되었다

망국의 탈원전정책

2017년 6월 19일 질 좋은 전기를
안정적으로 공급해 경제성장을 이끈 국내
첫 원전 '고리 1호기'가 영구 정지됐다
고리 1호기는 박정희 대통령의 첫 작품이다
이날 문재인 대통령은 고리원전 1호기가
위치한 부산 기장군을 직접 찾아
"원전 중심의 발전정책을 폐기하고
탈핵 시대로 가겠다"고 선언했다

2018년 3월 두바이 바라카 원전 완공식에
참석한 문재인 대통령은
"가장 안전한 원전은 한국 원전이다
바라카 원전은 신의 축복"이라고 말을 뒤집었다
국내에 원전 24기가 44년간 가동되었지만
원전사고로 사망한 국민은 0명이다
한국형 원전 1기는 자동차 25만 대 수출과
맞먹을 만큼 황금알을 낳는 거위다
전 세계가 부러워하는
최고의 원전기술을 갖고 있는데도
'탈원전'을 주장하는 것이 우리네 대통령이다
부끄러운 일이다

바이든의 외교

2021년 1월 20일 교체된
공화당 트럼프 대통령 이후 민주당
바이든 대통령의 외교는 순조로웠다
트럼프가 무시(無視)했던 동맹의 강화·
다자주의 협력·보편적 가치를 강조했고
국제사회의 환영을 받았다
문제는 그 다음이다
미국 외교는 늘 가치(價値)와 이익(利益) 사이에서
균형(均衡)을 찾아왔다
그래서 '자유주의의 외투를 걸친 현실주의'라는
비아냥거림도 받았다
바이든은 트럼프가 좌충우돌 달려간
국익우선(國益優先)의 길을 우아하게 걸으려고 한다
세계는 바이든 외교가
어떤 진면모를 보여줄 지 주시하고 있다
특히 중국과 북한이 그렇다

타임 표지 문 대통령

문재인 대통령은 6월 9일 청와대 본관
집무실에서 진행된 미국 시사주간지
'Time'과의 인터뷰에서 문재인 대통령이
김정은 북한 국무위원장을
"매우 솔직하고 의욕적이며 강한 결단력을 보여줬다"
또 "국제적인 감각도 있다"고 평가했다
하지만 Time은 "김 위원장은
자신의 고모부와 이복형을 냉혹하게 살해했으며
유엔 인권조사위원회의 역사적인 보고서에 따르면
몰살·고문·강간·기근 장기화 야기 등
'반인륜 범죄'를 주도한 인물"이라고
상반된 평가를 내놨다
Time의 7월판 표지 사진에 문 대통령이 오른 건
2017년 5월 이후 4년여 만이다
Time은 "다수의 북한 소식통들은 김정은 위원장에 대한
문재인 대통령의 변함없는 옹호를
착각으로 보고 있다"며
한국 정부가 북한 인권운동을 약화시키고 있다는
지적도 함께 소개했다

우리만 모르는 사실

제프리 존스 전 주한 미국상공회의소 회장은
한 모임에서 한국 경제의 발전상을
이렇게 정리했다
“전 세계에서 여섯 개 나라가 자체 기술로
자동차를 만든다
세 나라는 독일·일본·아탈리아로 이들 나라는
제2차 대전을 일으킨 전범국이다
두 나라 미국과 영국은 전승국이다
한 나라는 나라도 아니었다
바로 대한민국이다”라고 하자 분위기가 숙연해졌다
한국은 제2차대전 이후 산업화와 민주화에
모두 성공한 유일한 국가다
지옥을 천국으로 바꾼 기적의 주인공이라는
사실을 당사자인 우리만 모르고 있었다

최재형 감사원장 사퇴

최재형 감사원장이 임기 6개월을 남기고
6월 28일 감사원을 떠났다
그는 출근길 기자들을 만나
"제 거취에 관한 많은 논란이 있는 상황에서
감사원장직을 계속 수행하는 것이
적절치 않다고 판단해
오늘 대통령께 사의를 표명했다"면서
"감사원장 임기를 끝까지 마치지 못한 데 대해
국민과 임명권자
그리고 감사원 구성원 여러분께
송구하게 생각한다"고 밝혔다 그러면서
"저에 대한 국민 여러분의 기대와
우려를 잘 알고 있다"며
"감사원장직을 내려놓고 대한민국의 앞날을 위해
제가 어떤 역할을 해야 되는지에 대해
숙고하는 시간을 가지려고 한다"고 말했다
문 대통령은 최 원장이 사의를 표명한지
8시간 50분 만에 재가했다

윤석열 대선출마 선언

윤석열 전 검찰총장이 6월 29일 서초구
매헌 윤봉길 의사 기념관에서 기자회견을 열고
“부패하고 무능한 세력의 집권 연장과
국민약탈을 막아야 한다”며
대선 출마를 공식 선언했다
이어 “법과 상식을 짓밟는 정권에
공정과 자유민주주의를 바라고
혁신을 기대한다는 것은 망상”이라며
“이들의 집권이 연장된다면 대
한민국의 앞날이 어떻게 될 지
불 보듯 뻔하다”고 자신의
대선출마 이유를 밝혔다
미래비전에 대해선
“산업화와 민주화로 지금의 대한민국을 만든
위대한 국민의 상식으로부터 출발하겠다”면서
“자유민주주의와 법치시대와 세대를 관통하는
공정의 가치를 기필코 다시 세우겠다”고 했다

여당 9룡 출전

이낙연 전 더불어민주당 대표
박용진·김두관·이광재 의원
최문순 강원지사·양승조 충남지사에
이어 6월 30일 이재명 경기지사
정세균 전 국무총리
추미애 전 법무부장관이
더불어민주당 대선 경선 예비후보로
등록하면서 총 9명의 대진표가 완성됐다

중국공산당 100주년

2021년 7월 1일은
중국공산당 창당 100주년 기념일이다
중국은 1978년 덩샤오핑(鄧小平) 주도로
박정희식 '개혁 개방'정책을 채택하고
이후 고도성장을 이루어 미국과 함께
G2로 불릴 정도로 강대국이 되었다
중국은 1989년 천안문 사태를 유혈진압했다
1976년 마오쩌둥(毛澤東) 사망 뒤 덩샤오핑은
인민을 굶주리게 한 마오의 노선을 버리고
'실용주의'를 채택했다
이후 빠른 경제성장과 함께 부패가 늘고
사상적으로 느슨해지자 시진핑(習近平)체제에 들어
이념의 고삐를 조이기 시작했다
이 과정에서 자유·인권 등 국제사회 보편가치와는
반대로 갔다 홍콩 민주화 탄압이 대표적이다
100주년을 맞은 중공은 지금 대내적으로
중국몽(夢)으로 상징되는 애국주의를 앞세우고 있다

초선 윤희숙 의원

2022년 3·9 제20대 대통령선거전이 개막됐다
8개월여 동안 치열하게 벌어질 날 선 공방이
민주주의 축제의 장이 될 지 아니면
나라를 두 쪽으로 쪼개는 난장판이 될지는
각당 후보들과 유권자들에게 달렸다
국민의힘 윤희숙 의원(서초갑)이 7월 2일
"앙상한 이념으로 국민 삶을 망치는
탈레반에게서 권력을 찾아오겠다"며
대선 출마를 선언했다
지난해 7월 국회 대정부 질문에서
"저는 임차인이입니다"로 시작한
5분 발언으로 주목을 받은 뒤
'이재명 저격수'로 몸값을 올리고
급기야는 대선에 출사표를 던졌다
그는 경제전문가로서의 강점을 앞세워
노동·공공부문 개혁 및 기업규제철폐 등 경제
활성화 대책을 공약으로 제시했다
"일자리와 희망을 만드는 길은 단연코 투자하고 싶고
혁신하기 좋은 경제를 만드는 것뿐"이라고 했다
이어 "이런 개혁은 본질적으로
기득권 세력과의 싸움이고 귀족노조와의 싸움"이라며

"어려울 수밖에 없지만
뼈를 깎는 개혁을 말하지 않고
장밋빛 얘기만 하는 것은
정치가 아니라 기만"이라고 강조했다
윤희숙 의원은 문재인 정부의
'소득주도성장·부동산정책·포퓰리즘정책으로 인한
재정 건전성 문제 등 조목조목 지적했다
그는 문재인 정부를 향해
"일자리 파괴범"
"청춘에게 빚만 떠넘겼다"고 비판했다
윤 의원의 출마로 범야권의 후보군은
14명으로 늘어났다
홍준표·김태호·하태경·유승민·원희룡·황교안
안상수·장기표 등 국민의힘 인사와 당 외의
윤석열·최재형·김동연·안철수·장성민 등이
출마를 검토하고 있어
여야의 대선출마 경쟁자는 23명에 이른다

한국은 선진국

유엔무역개발회의(UNCTAD)는
7월 2일 스위스 제네바 유엔본부에서 열린
제68차 무역개발회 회의에서 한국을
A그룹(아시아·아프리카)에서
B그룹(선진국)으로 옮기는 안건을
만장일치로 통과시켰다
UNCTAD는 개발도상국의 산업화와
국제무역 참여 증진을 지원하기 위해 설립된
유엔산하기구다
한국이 세계 10위권 경제 규모를 갖추고
2년 연속 주요 7개국(G7) 정상회의에 초청되는 등
국제사회에서의 위상이 높아진 점이 반영됐다
이번 결정으로 한국은 1964년 UNCTAD가 설립된
이후 개발도상국에서 선진국이 된
최초의 국가가 됨으로서 선진국 그룹은
이제 32개국으로 늘었다

출판도서 연보

수필집(여름사 · 지문사 · 행림출판)

1988년 인간적인 것이 그립다
1989년 빌딩숲에 매달린 고슴도치
1991년 어느 여름밤의 방황
1992년 물꼬를 터가는 사람들
1993년 사도세자 압구정역 하차
비에 젖은 남치맛자락
1994년 둥지를 찾아 헤매는 텃새
1996년 호박이 넝쿨째 굴렀네
목화꽃이 필 무렵

시집(지문사 · 한솜)

1998년 이집트로 가는 길
1999년 오아시스로 가는 길
2000년 베이징으로 가는 길
2001년 긴 만남 짧은 이야기
왕건의 나라
장하다 홍국영
2003년 흥선대원군·명성황후
2004년 고종황제의 최후
2005년 이승만과 김구의 대좌
2006년 박통의 그늘
세종대왕의 실수
2007년 불타는 창덕궁

역사서(문학공원)

2009년 한국근현대사
2010년 한국중고대사
2011년 조선왕조사
　　　 한국민주화역사
2013년 성공한국사
2015년 한국현대사 1
　　　 한국현대사 2
　　　 한국현대사 3
2016년 한국현대사 4
2017년 한국현대사 5
　　　 한국현대사 6
2018년 세계사와 함께 읽는 재미있는 韓國史

역사서사시집(문학공원)

2018년 우면산 돌담불
2019년 한강의 기적
　　　 5·16혁명
2020년 박정희 황금시대
　　　 문재인 적폐시대
　　　 이승만 건국시대
　　　 전두환 오판시대
2021년 코로나 비상시대
　　　 흔들린 민주주의
　　　 박정희 100년 시대
　　　 추억의 대한제국
2022년 선진국 대한민국

김제방 역사서사시집
선진국 대한민국

초판발행일 2022년 1월 15일

지은이 : 김제방
발행인 : 김순진
편집장 : 전하라
디자인 : 김초롱
펴낸곳 : 도서출판 문학공원
등 록 : 2004년 3월 9일 제6-706호
주 소 : 우편번호 03382 서울 은평구 통일로 633
녹번오피스텔 501호 스토리문학사
전 화 : 02-2234-1666
팩 스 : 02-2236-1666
홈페이지 : http://www.munhakpark.com/
이메일 : 4615562@hanmail.net